株高は国家破産の前兆

―戦前のドイツが示す恐怖のシナリオ―

The Rise of Stocks
— A Sign of
Impending National Collapse

浅井隆

第二海援隊

プロローグ

三十数年振りの株高の原因とは⁉

「株がついに四万円を超えた‼」「あの三十数年前のバブルのピークを乗り越えて、日本は新しい時代に入ったのだ！」と浮かれている人がいたら、私は忠告したい。「世の中、そんなに甘くない」と。

今回の株高は、実は将来この国を襲う〝巨大津波〟の前兆なのだ。その巨大津波とは、なんと国家破産のことだ。

かつて私は、「最後の相場師」と言われた天才相場師・浦宏氏から、このような言葉を聞いていた——「株の世界というのは、実に恐ろしく不可思議なものだ。なにしろ、相場はある日突然、激変するんだよ‼」。

その通りのことが、今回、私たちの目の前で起きた。二〇二四年の新年年明けは、能登半島大地震＋津波という衝撃的な出来事で始まった。それを受けて大発会《だいはっかい》は大荒れとなり、日経平均は一時数百円暴落した。

しかし、その後まるで狂ったかのように暴騰し、あのバブルピークの一九八九年一二月二九日のザラ場高値三万八九一五円をすら、いとも簡単にブチ破り、あっという間に四万一〇〇〇円の高見に到達した。

まさに怒涛《どとう》の進撃、あるいは破竹《はちく》の勢いとも言うべきものだった。あまりの急激かつ突然の上昇に、先物で売っていた投資家や買いそびれた人々は呆然と立ちつくすしかなかった。

しかし、ここ最近の株高（今後も長期に亘って続くと私は予想する）は、謎が多い。本当に、日本経済は大復活したのだろうか。確かに、円安その他が追い風となって企業も潤《うるお》っているところが多い。しかし、それが本質的な原因なのか。この根源の部分を見誤《みあやま》ると、あなたは五年以内に財産を大きく失う「致命的状況」に陥ることとなるだろう。

では、その株高の「本質的な原因」とは何なのか。それこそ、「円の劣化」という大問題なのである。つまり、日本国政府の莫大な借金と日銀の史上まれに見る大規模金融緩和のせいで、円という通貨がすさまじい規模でばら撒かれ、希薄《きはく》化し、価値が徐々に下落しているのだ。それが円安となって現れ、結果的に株価も押し上げていると言ってよい。

さらに、先進各国の中国離れがお金を中国→日本へと向かわせた点も見逃せない。こうした複合要因によって、今回の「あっという間の日経平均四万円超え」が私たちの前に現れたのだが、あくまでもその根底には「円の劣化」という、とてつもない問題が横たわっていると言ってよい。

さて、そこで話は一気に一〇〇年前に飛ぶ。あのヒトラーが登場する原因となった、一九二三年前後の一兆%のハイパーインフレの話だ。

ご存じの通り、第一次世界大戦の敗戦国ドイツは、連合国側からヴェルサイユ条約によって天文学的賠償金を請求され、財政が破綻した。ところが不思議なことに、ハイパーインフレがやってくる数年前のインフレの初期の頃には、今の日本とまったく同じ状況が起きていたのだ。

まず第一次世界大戦中には、中央銀行（ライヒスバンク）が戦費調達を紙幣の増発によって対応しようとした。これによって通貨マルクの価値は徐々に下がり、その結果インフレが起きた。当初、ドイツ国民はこのインフレを、心地良いものとして歓迎した。対外的にもマルク安となったことで、輸出企業が潤った。経済全体が活性化し企業倒産も減少し、失業率は低下した。インフレ対策として株式にも注目が集まり、株価は上昇した。これが、株価上昇の第一弾である。

第二弾は、戦後起きた。先ほど述べた戦争賠償金を賄うために、大量の国債を発行して、中央銀行であるライヒスバンクに買い取らせた。今は禁じられている、「財政ファイナンス」である。現在の日本においても、直接引き受けにほぼ近い形の、「日銀による国債の大量買い取り」が行なわれている。

いずれにせよ、戦前のドイツではインフレが徐々に進行する中で信用されなくなった通貨が向かった先は、外貨や株式だった。株式市場では逃避資金による値上がりが生じ、その値上がりによってまた株式にお金が集まるといった循環が形成され、株は一種のバブル的な様相を見せたという。

これとまったく同じことが、今この日本において起きているのではないか。

歴史は繰り返すというが、一〇〇年の時を経て戦前のドイツと同じ恐るべき現象が今、進行していると考えざるを得ない。

したがって、現在の株高は「国家破産の前兆」と言ってよいものだ。そして今後、さらなる円安とインフレがやってくれば、日経平均一〇万円も夢ではないのである。

ただし、それが到来した時には、多くの国民の頭上に悪夢が降りかかってきているのだ。

しかし、「ピンチこそチャンス」である。株を使った国家破産時代のサバイバルは十分に可能であり、本書の最終章でそのやり方が披露されるはずである。

というわけで、ぜひ生き残りのために最後まで読み進めていただきたい。

二〇二四年八月吉日

浅井　隆

株高は国家破産の前兆――目次

プロローグ

第一章　日経平均は一〇〇万円を目指す！

第四章　株で資産防衛は可能か

エピローグ

※注　本書では一米ドル＝一五〇円で計算しました。

第一章　日経平均は一〇万円を目指す！

日経平均株価「七〇五四円」VS「六三〇〇〇万円」

唐突だが、「日経平均株価は、いずれ六三〇〇〇万円になる」と他人から聞かされたら、あなたはどう思うだろうか。「この人は頭がおかしい」と思うに違いない。ところが、私の見立てでは六三〇〇〇万円は「十分にあり得る」金額なのだ。

私は、為替や株価を予想する上で「超長期サイクル」を最も重視している。私が重視する「超長期サイクル」は、約四〇～六〇年間で株価が高値と安値を行ったり来たりするというものだ。この分析からすると、前回の高値は一九八九年一二月二九日に付けた「三万八九一五・八七円」。そこからおよそ二〇年かけて、株価は「七〇五四・九八円」まで沈んだ。これは、リーマン・ショック後の二〇〇九年三月一〇日に付けた、日経平均株価の史上最安値である。

そこを「大底」として、日経平均株価は超長期の上昇トレンドに入った。二〇〇九年を起点に、どんなに早くとも二〇二九年、遅ければ二〇四九年頃まで上昇が続くと私は考えている。株価が一体どこまで上昇するのかは、〝神のみぞ知る〟ところだ。しかし、私は日本がハイパーインフレを経験するという予想の下、株価が数千万円台まで上昇する可能性があると真剣に思っている。その根拠を、これからお伝えしたい。

その前に、デリバティブ（金融派生商品）の一種である「日経２２５オプション」にまつわる逸話《いつわ》を紹介する。「オプション取引」（ここではオプションの「買い」）を一言で説明すると、日経平均株価の暴騰や暴落にベットする（賭ける）ことで、当たればとてつもなく大きな利益が転がり込んでくるという代物だ。事実、オプション取引は現物の株式や先物よりも投資効率が良く、ごく短期間で大きな利益を生むことが可能な手法として知られている。

オプション取引は、ここ日本でこそマイナーな存在だが、海外では若者を中心にのめり込む人が激増しており、とてもメジャーでホットな存在だ。世界のデリバティブ業界団体である先物取引業協会（ＦＩＡ：本部・米ワシントン）によると、二〇二三年におけるオプション取引の出来高は一〇八一億九一九一

超長期サイクル

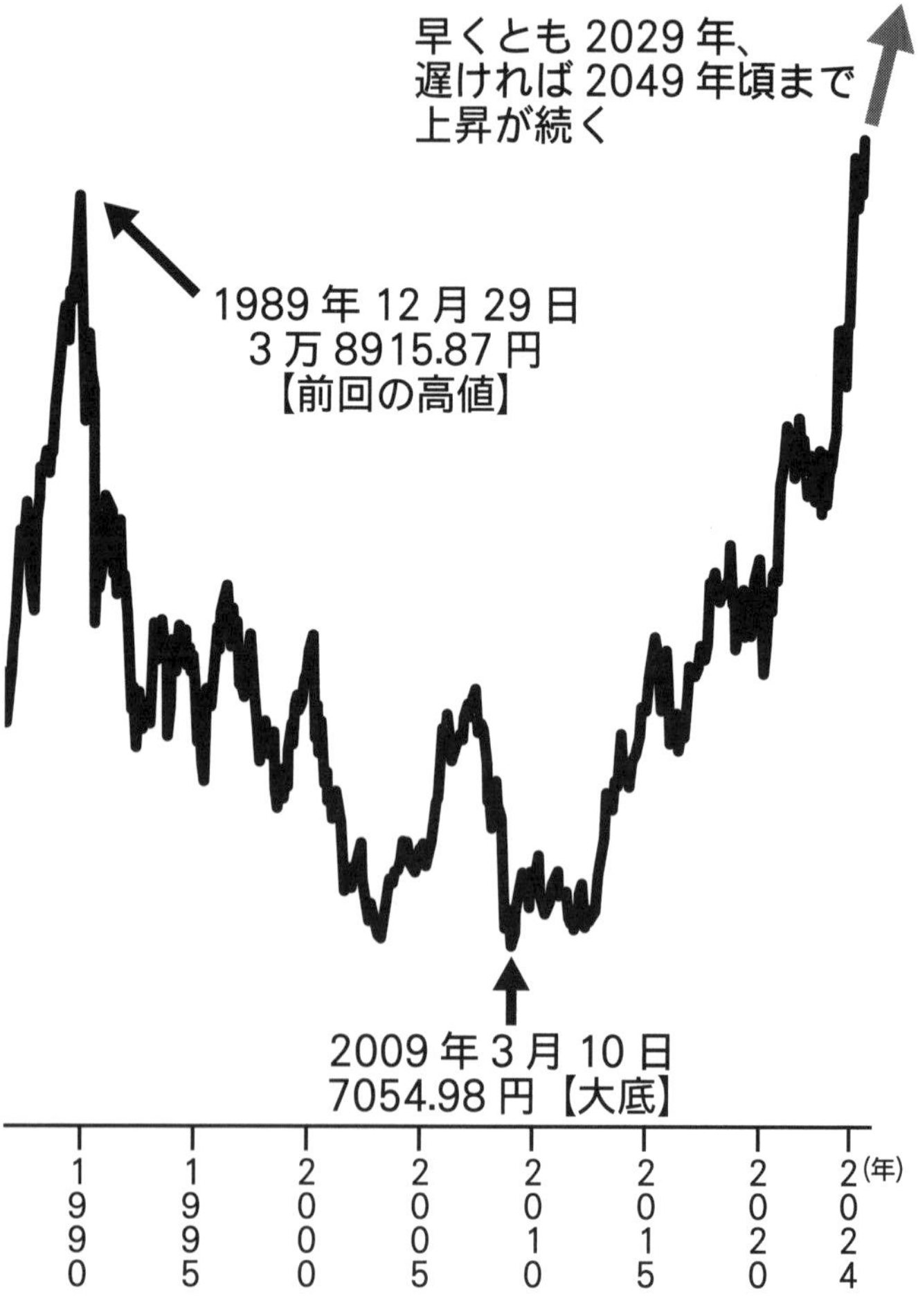
早くとも 2029 年、
遅ければ 2049 年頃まで
上昇が続く
1989 年 12 月 29 日
3 万 8915.87 円
【前回の高値】
2009 年 3 月 10 日
7054.98 円【大底】
1990
1995
2000
2005
2010
2015
2020
2024
(年)

日経平均株価

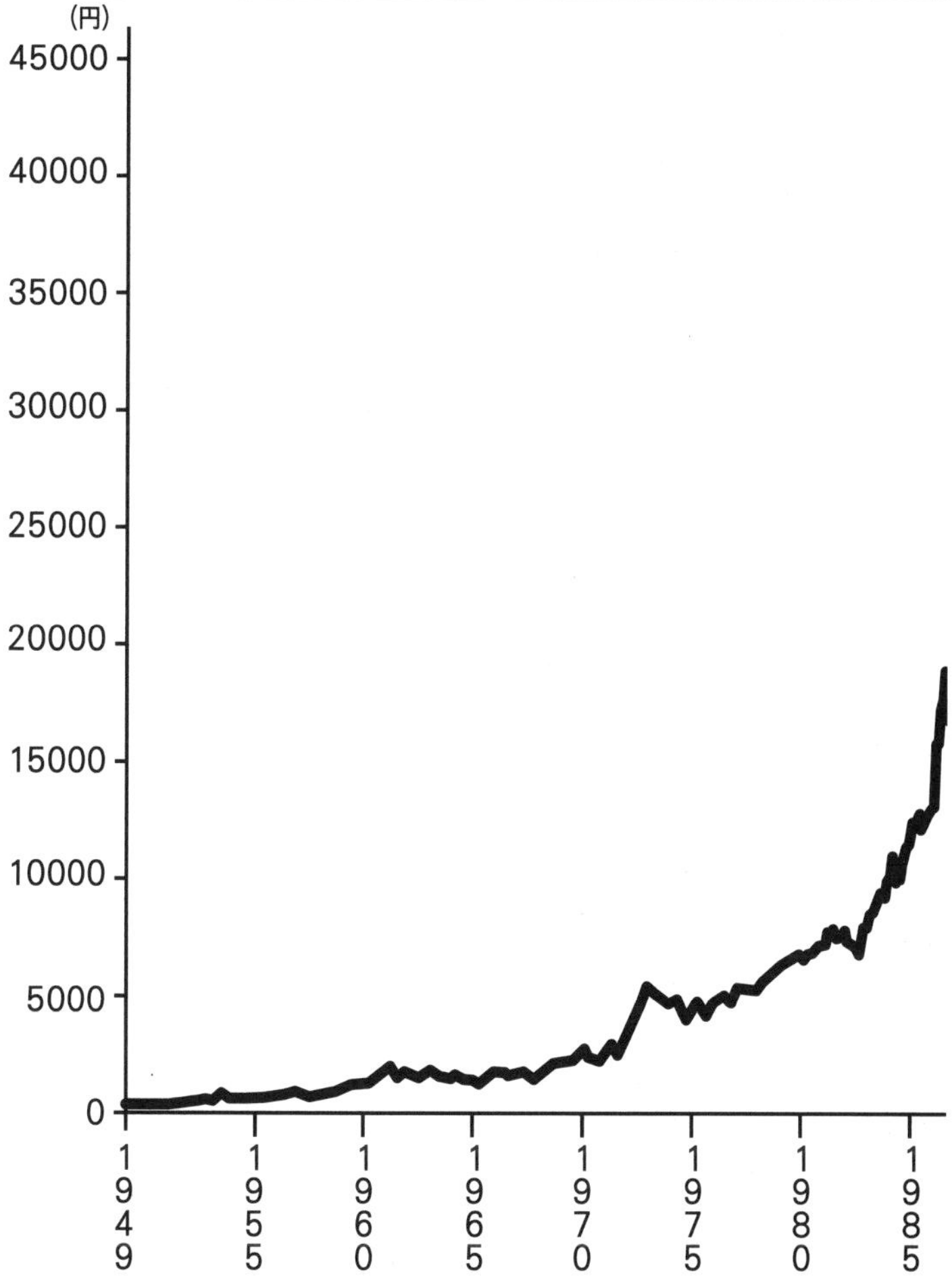
(円)
45000
40000
35000
30000
25000
20000
15000
10000
5000
0
1949
1955
1960
1965
1970
1975
1980
1985

万四〇五三枚と、前年比九八・四％増を記録している。二〇二一年の三三億一〇〇〇万枚からは三倍に増えた。

このオプション取引が日本で始まったのは、バブル真っ只中の一九八九年六月のことである。その直後の一九八九年一一月、米投資銀行大手のソロモン・ブラザーズが「日経平均が暴落すれば大儲《もう》けできる」という触れ込みでオプションに関連した「プット・ワラント」なる商品を、アメリカで販売し始めた。何か陰謀《いんぼう》めいたことを感じざるを得ないが、この商品はアメリカの資産市場で大ヒットを記録する。

その一ヵ月後の一九八九年一二月一五日、今度は「ドクター・ドゥーム」（終末博士）の異名を取る著名投資家マーク・ファーバー氏が、「日出ずる国が危険」と題し「日本株を手仕舞う」と同時に「長期のプット・オプションの買い」（相場が下落した際に利益が出るオプション取引の一種）を推奨した。このファーバー氏は、一九八七年に起きた「ブラック・マンデー」（暗黒の月曜日）に際し、事前に株式から逃げるよう顧客に通達していたことで有名になった人物である。

さて、あなたがこの一九八九年一二月に他人から次のようなことを聞かされたらどう思うだろうか――「日経平均株価は、やがて七〇〇〇〇円になる」。確実に、「この人は頭がおかしい」と思ったはずだ。なにせ、当時は「株価は一〇万円に到達する」といった言説が飛び交っていた頃である。

結果的に、ソロモン・ブラザーズとファーバー氏の予想は当たった。日経平均株価はその後の四ヵ月間で一万円以上も値下がりし、一九九〇年四月二日には二万八〇〇二・〇七円を付けている。時を前後して、前出のファーバー氏は「日経平均株価が八〇〇〇円まで下がらないとバブル崩壊は終焉しない」と予告した。その後、株価は二〇〇三年四月に八〇〇〇円割れを記録する。そして二〇〇九年三月には、史上最安値（七〇五四・九八円）を付けた。

さて、リーマン・ショック後にあなたが他人から次のようなことを聞かされたらどう思うだろうか――「日経平均株価はやがて一〇万円を突破する」。ここでも間違いなく、「この人は頭がおかしい」と思ったはずだ。

リーマン・ショック後には、日本でも「派遣村」ができるなど株どころの話ではなかったが、株価が史上最高値を更新した今となっては、「一〇万円」も現実的な数字に見えてくる。

ところで、二〇一〇年の時点で「日経平均株価は六三〇〇〇万円に達する」と大真面目に語った人物がいる。そう、一〇万円ではない。六三〇〇〇万円という途方もない目標だ。

その人物とは、仏ソシエテ・ジェネラルのディラン・グライス氏である（現在は英カルダーウッド・キャピタルを運営）。二〇一〇年一〇月一五日、グライス氏は自身のコラム「大衆の妄想」（Popular Delusions）で、その時点から一五年後（すなわち二〇二五年）の日経平均株価は、六三〇〇〇万円に達すると予想した。グライス氏がコラムで示した根拠を、以下に翻訳して掲載したい。

日本政府が国債に対して支払う利子は、わずか一・五％であるにもかかわらず、利払いは税収の二七％に達するという驚くべき金額と

なっている。政府短期証券（日本の財務省はこれを「債務返済」と定義している）を含めると、その割合は眉をひそめるような五七％という数字に達する（二〇ページのグラフを参照）。

政治的抵抗が最も少ない道は、おそらく日本政府が支払える水準に利回りを維持し、かつ金融システムを破綻させない水準で国債を安定させることだろう。このためには、日本のデフレ心理を打破することを目的とした「量的緩和プログラム」という知的カモフラージュの下で、市場が吸収できなくなったあらゆる債券を日銀が買い取ることが含まれるであろう。

経済学者らは日銀が「日本の問題に真剣に取り組んでいる」ことをついに示したものとして、このような一歩を称賛するかもしれない。しかし実際には、これは長期にわたる不安定なインフレへの序章となるだろう。

高齢化が進む日本には、インフレの支持層が存在しないため日銀に

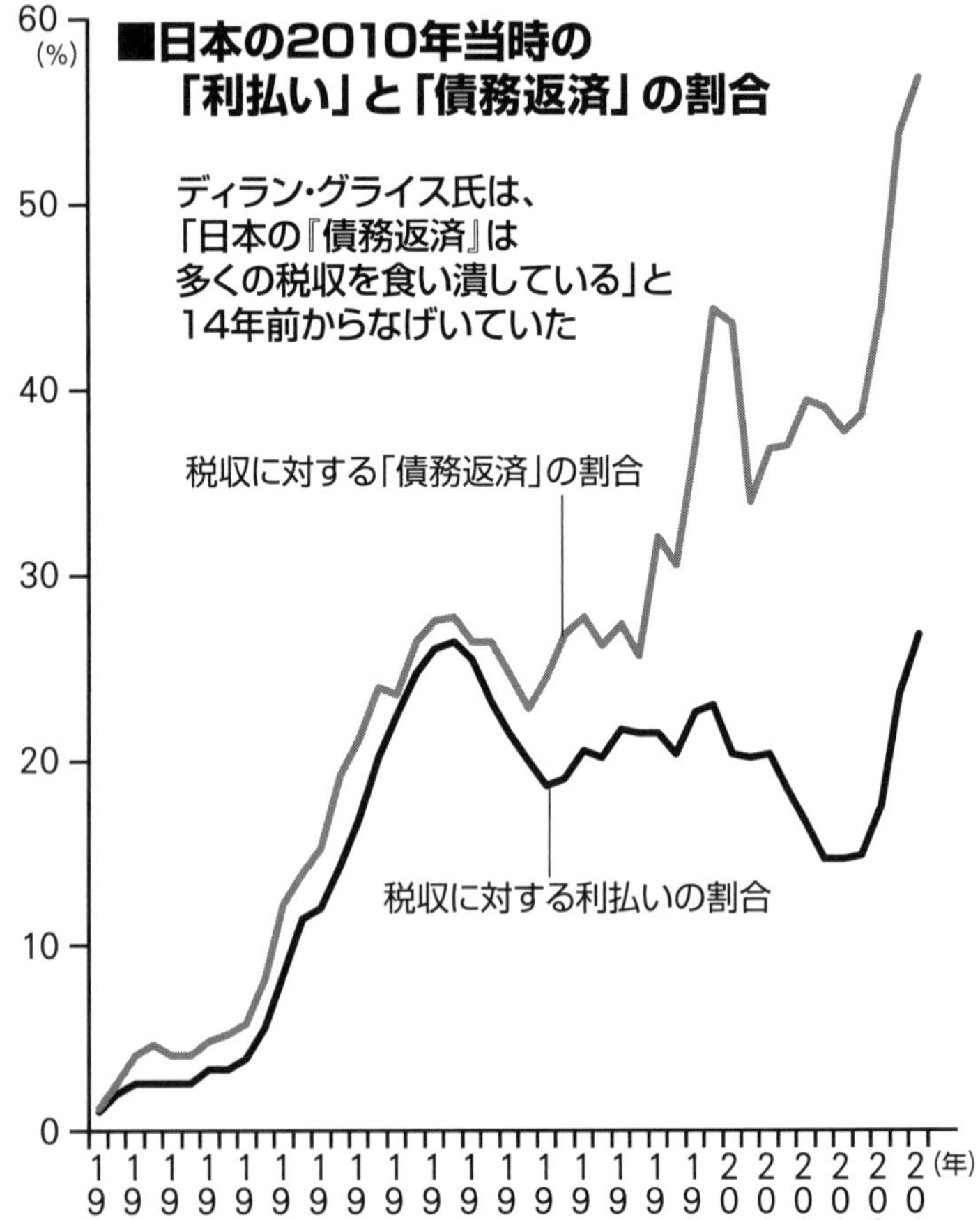

SG Cross Asset Reseach、財務省のデータを基に作成

対する収益化の圧力が不十分であることがよく指摘されている。ある一定の人口の変動では、医療費の削減を支持する政治的選挙区が存在しないことを証明している。

しかし、日本の税収は現在、「債務返済」と「社会保障」さえカバーしておらず、財政負担は永続的に増大している。したがって短期的に政府財政を安定させるという当初の目的だけであっても、日銀が政府赤字の貨幣化を強制するとそれを止めるのは困難であることが分かる。

日本が国債の最大の保有者となり、最も定期的に購入するようになれば、日本はインフレ軌道に乗るだろう。

（コラム「Popular Delusions」二〇一〇年一〇月一五日付
第二海援隊編集部翻訳）

なんという先見性だろう!!　まさに、昨今の日本を的確に表現しているではないか。

そしてグライス氏は、ハイパーインフレによって株価が六五〇〇倍になった一九八〇年代のイスラエルを引き合いに出し、日本も二〇二五年くらいにはハイパーインフレに陥る可能性が高いとして、当時の日経平均株価が九五〇〇円だったことから、そこから六五〇〇倍をかけて六三〇〇万円になると予想したのである。

米フォーブス誌のシニア・エディターであるダニエル・フィッシャー氏は、二〇一〇年一〇月一五日付のコラムでこのグライス氏の突飛な予想を取り上げ、次のように対策を取るのも面白いと記している——「株価指数を原資産とし、今は常軌を逸していると思えるほどアウト・オブ・ザ・マネー（権利行使すると損失が出る状態）になっているコール・オプション、たとえば一五年後を期日とする権利行使価格四万円のコール・オプションを購入することだろう」。

イスラエルのハイパーインフレと国家破産の前兆

ここで、グライス氏が引き合いに出した「イスラエルのハイパーインフレ」について簡単に触れておきたい。ご存じのように、イスラエルは一九四八年の建国以降、アラブ諸国と衝突を繰り返してきた。長年イスラエルはアラブ諸国に優勢を保っていたが、シリアとエジプトがイスラエルを奇襲した一九七三年の第四次中東戦争でイスラエルの不敗神話が崩壊する。それと同時に起こった「第一次オイルショック」、そして一九七九年の「第二次オイルショック」によってエネルギー資源に乏しいイスラエルも〝狂乱物価〟に襲われた。

一九七〇～八〇年代のイスラエルのインフレ率は平均で八四％、一九七二～八七年までの一五年間で物価が一万倍にまでなったとされる。これに対し、株価は六五〇〇倍になっている。株価がインフレ率をアウトパフォーム（指針とする指標を上回る）することは適《かな》わなかったが、ハイパーインフレの際に株価は、天をも突き抜けて上昇するのだ。

さすがに、二〇二五年の日経平均株価が六三〇〇〇万円に達しているとは考えにくい。しかし、その時期を二〇三五年にまで延長したなら、急速に現実味をおびてくる。

日本の債務問題は、深刻化する一方だ。日銀の実質的な財政ファイナンスによって財政規律は完全に失われており、ハイパーインフレに行き着くことは十分にあり得る。仮に日本をハイパーインフレが席巻《せっけん》すれば、日経平均株価「一〇万円」など単なる通過点でしかない。下手をすると、本当に日経平均株価「一〇〇〇万円」時代がやってきてしまうのである。

もちろん、そうなったからといって喜んでいる場合ではない。天をも突き抜ける株価の上昇は、あくまでもインフレ猛進としての結果でしかないからだ。

昨年から日本株も騰勢《とうせい》を強めているが、その原因は主に円安にあると考えられる。そしてこの円安は、日本が実質的に〝財政ファイナンス〟を実行しているがゆえに起こっていることだ。

イスラエルのインフレ率

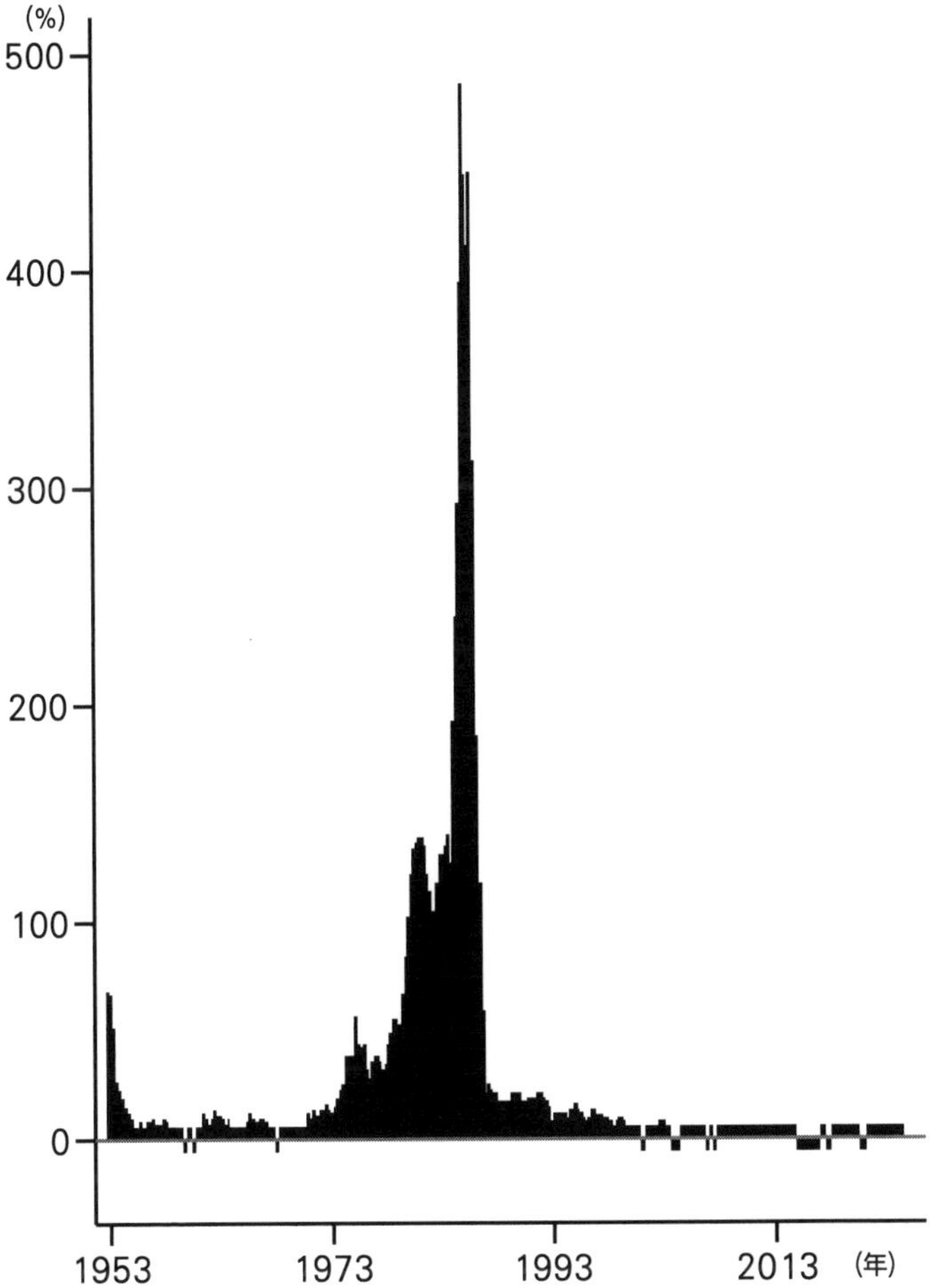

TRADING ECONOMICSのデータを基に作成

その点が、極めて不気味である。歴史を振り返ると、異様な株高は往々にして国家破産の〝前兆〟として起こってきた。最初のうちは、国民もそれを歓迎する。しかし、どこかの時点で自分たちがカタストロフィ（破滅）に位置していることに気付く。もちろん、その時点で〝万事休す〟である。

なぜ、破綻国家アルゼンチンとトルコの株価指数は絶好調なのか

ここで、株価に関するクイズを出そう。「二〇二四年三月までの過去一年で、どこの国の株価指数が最も上昇したでしょうか？」。

もし、これに即答できたという人は、相当な経済オタクだ。多くの人は、経済が好調なアメリカやインドといった国を挙げるのではないだろうか。

ちなみにこの期間には、日本をはじめとしてアメリカ、イギリス、カナダ、オーストラリア、ドイツ、フランス、韓国、台湾、インドなどで主要株価指数が史上最高値を更新している。

こうしたライバルたちを蹴落《けお》として一位の座を奪ったのは、意外にも「アルゼンチン」であった。アルゼンチンは、言わずと知れた経済の劣等生であり、そうした国の株価が世界一の上昇を記録したことを疑問に思う人も多いだろう。しかし、事実としてアルゼンチンを代表する株価指数「アルゼンチンメルバル」は、過去一年間（二〇二三年三月三日～二〇二四年三月四日）に驚異の「三二二・六九％」というパフォーマンス（騰落率）を誇《ほこ》った。株価がたった一年で四・二倍になったのである。たとえると、四万円の日経平均株価がわずか一年で一六万円超になるようなものだ。

アルゼンチンはデフォルト（債務不履行）の常連国であり、高インフレが定着している。しかし、この高インフレこそが、同国の株価上昇を支えるカラクリなのだ。同期間の主要株価指数の上昇率ランキングを確認すると、アルゼンチンのような高インフレが定着している国ばかりが上位を独占している。たとえば四位には、日本人投資家にもなじみの深いトルコの株価指数（イスタンブール１００種）がランクインした。

前項でも述べた通り、インフレが猛威を振るう国で株価が上昇するのは、ある意味で当然のことである。その理由を、簡単に説明したい。

皆さんが普段から目にする経済指標のほとんどは、「名目値」というものだ。この名目値は、インフレ率を加味した数字である。当然、皆さんが普段から目にしている株価も名目値だ。名目の株価とインフレ率は、完全な相関関係にあるわけではないが、基本的には「物価が上がると名目値の株価も上がる」という、正《せい》の相関関係にある。

例外は、「スタグフレーション」だ。その代表例は一九七〇年代のアメリカなのだが、インフレと不況が重なった状態（スタグフレーション）では株価が低迷することがしばしばである。しかし二九ページの上昇率ランキングを見てもわかるように、基本的にはインフレ率の高い国の株価は上昇することが多い。

そのため多くの場合、株式はインフレ対策として用いられる。確実にインフレ率をアウトパフォームする（インフレ率を上回って収益率を上げる）という保証はないものの、間違いなく現金よりはマシだ。高インフレ下で現金を持ち

世界の主要株価指数の上昇率ランキング

比較の対象期間は2023年3月3日～2024年3月4日の1年間

順位	名称	国名	上昇率	通貨対ドル変化率
1	アルゼンチンメルバル指数	アルゼンチン	322.69%	−76.5
2	ナイジェリア全株指数	ナイジェリア	78.61%	−70.0
3	エジプトEGX30株価指数	エジプト	76.64%	−0.8
4	イスタンブール100種指数	トルコ	74.06%	−40.5
5	ルサカ証券取引所全株指数	ザンビア	67.03%	−15.5
6	イスタンブールBIST30指数	トルコ	66.76%	−40.5
7	カラチKSE100指数	パキスタン	59.55%	−1.3
8	ブタペスト証券取引所指数	ハンガリー	49.53%	−2.2
9	カザフスタン証券取引所指数	カザフスタン	46.54%	−4.7
10	日経平均株価指数	日本	43.62%	−9.7
30	ダウ工業株30種平均	アメリカ	18.23%	−

ブルームバーグのデータを基に作成

続けるというのは、最悪の選択肢である。

アルゼンチンのインフレ率は、二〇二三年一二月からあのベネズエラを上回り中南米で最も物価上昇ペースの速い国となった。二〇二四年二月には前年同月比で「二七六％」という、およそ三三年振りのインフレ率を記録している。これに対して株価の上昇率は「三二〇％超」と、インフレ率をアウトパフォームしている。

先ほど、「現金は最悪の選択肢」と伝えたが、長期で見るとそのことがまざまざとわかる。現在のアルゼンチン・ペソは一九九二年一月に導入されたものだが、当時は一ドル＝一アルゼンチン・ペソであった。それから三〇年あまりが経過し、直近では一ドル＝三六三アルゼンチン・ペソにまで減価している。ただし、これは公式レートであって、アルゼンチン国民の実感により近い「市中レート」（非公式レート）では、一ドル＝一〇〇〇ペソを超える水準にまで減価した。一九九二年一月から現在までに、アルゼンチン・ペソの価値は一〇〇〇分の一にまで減価したということになる。

アルゼンチンのインフレ率の推移

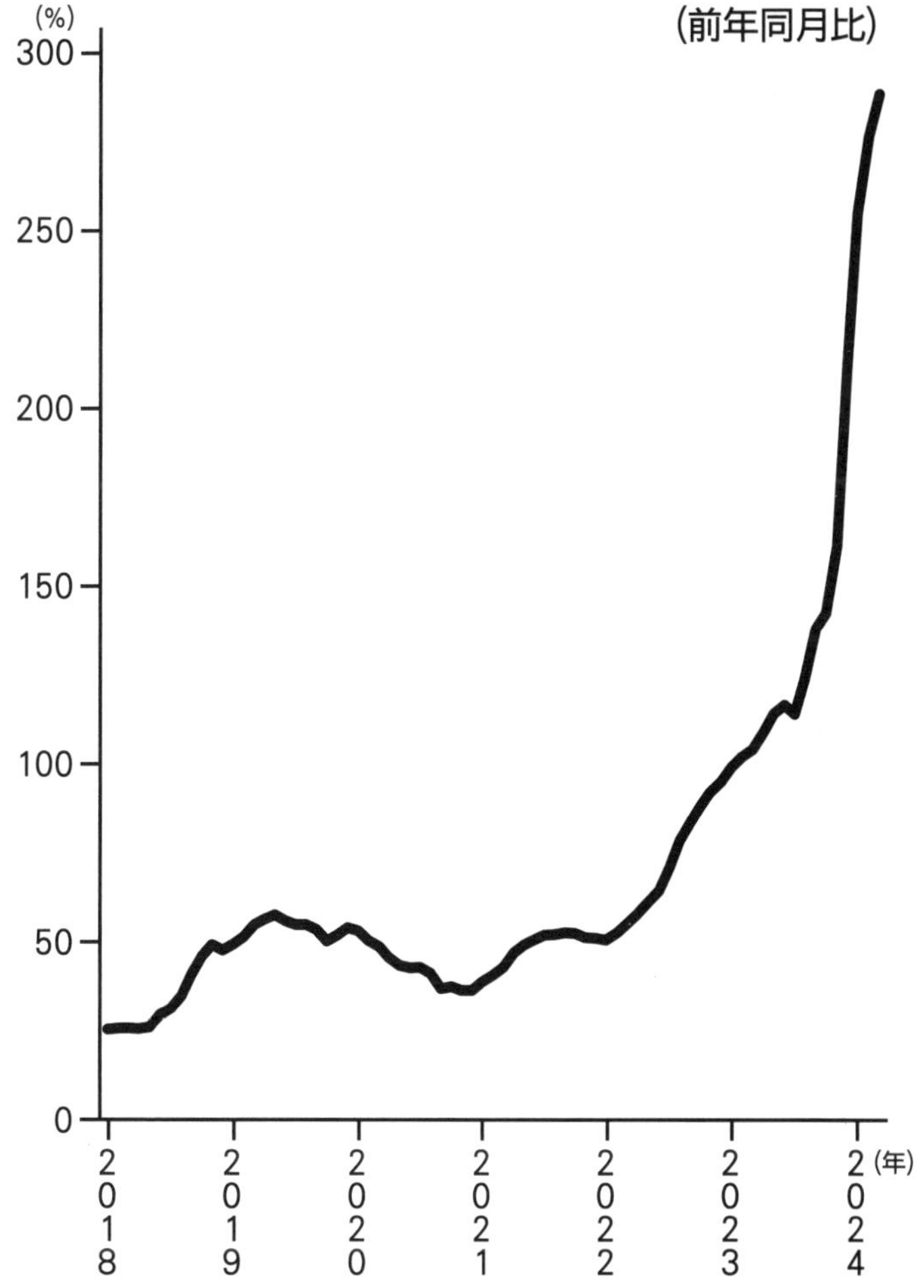

TRADING ECONOMICSのデータを基に作成

一方の株価（アルゼンチンメルバル）は、一九九二年一月一日の「八〇七・九二」ポイントから二〇二四年六月三日には「一五八万一一六四・三八」と、約二〇〇〇倍に膨らんだ。アルゼンチン・ペソの減価を加味しても、およそ二倍になったということである。この間のインフレ率をアウトパフォームできたかという統計はないが、少なくとも現金よりはマシであったということに疑いの余地はない。

この点、トルコの例も確認しておこう。トルコ・リラの対ドル・レートは、一九九二年一月の一ドル＝〇・〇〇五六トルコ・リラから直近（二〇二四年六月）では一ドル＝約三二トルコ・リラにまで切り下がった。トルコ・リラの価値は、およそ五七〇〇分の一にまで減価したのである。

対するトルコの株価指数（イスタンブール１００種）は、一九九二年一月一日の「〇・四九」ポイントから二〇二四年六月三日には「一万三二八・九八」と約二万一〇〇〇倍に膨らんだ。トルコ・リラの減価を加味しても、およそ四倍弱となっている。

アルゼンチンメルバル指数の推移（過去32年）

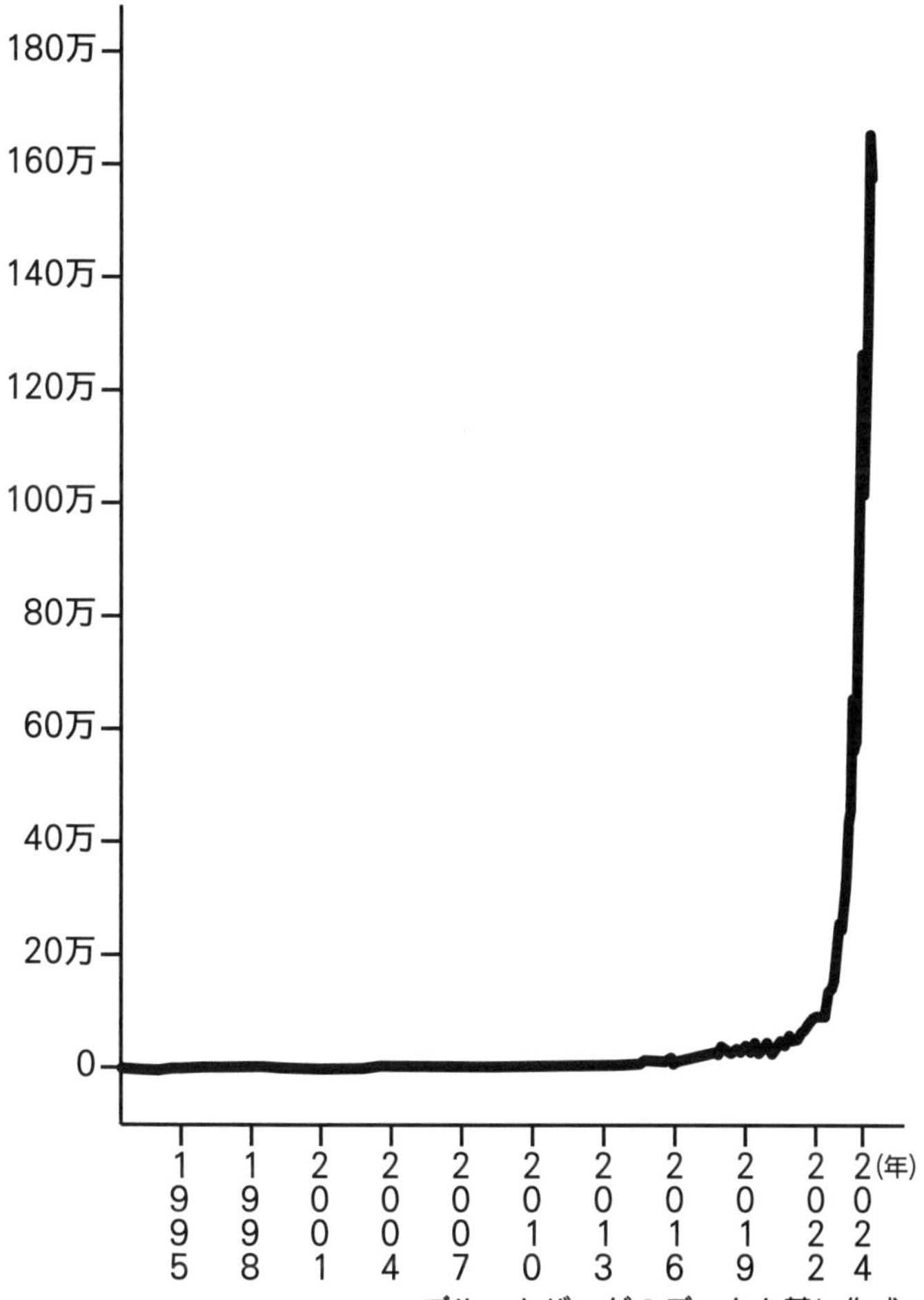

ブルームバーグのデータを基に作成

日本の未来はアルゼンチンがたどった道と同じ？

ではここで、アルゼンチンがたどった道を日本の将来に当てはめてみたい。二〇二二年一月一日を起点として、そこから三二年に亘って〝日本がアルゼンチン化〟したと仮定する。

まず為替だが、二〇二二年一月一日（正確には二〇二一年末時点）のドル／円は一ドル＝「一一五・〇六円」。これが三二年後の二〇五四年には、一〇〇〇分の一まで減価して一ドル＝「一一万一〇六〇円」になる。

次に株価だが、二〇二二年一月一日（正確には二〇二一年末時点）の日経平均株価は「二万八九〇六・八八円」。これが三二年後の二〇五四年には、二〇〇〇倍の「五七八〇万円」となる。まさに、本章の冒頭で述べた「六三〇〇万円」に近い状態である。

もちろん、日本がアルゼンチンのたどった道をなぞると決まったわけではな

アルゼンチンがたどった道を……

アルゼンチン

1992年
1ドル＝ 1 アルゼンチン・ペソ

32年後

2024年
1ドル＝363アルゼンチン・ペソ
※ただし、市中レートでは1ドル＝1000アルゼンチン・ペソ

同じ道を日本がたどると……

日本

2021年
1ドル＝115.06円

32年後

2054年
1ドル＝11万1060円

実に
1000分の1
に減価している

い。しかし、日本がアルゼンチンの轍《てつ》を踏む可能性はますます高まっている。放漫《ほうまん》財政や紙幣の増刷（通貨供給）をどこかで止めることができれば問題ないが、果たして今の日本にそれは可能だろうか……。

すでに忘れ去られたことではあるが、およそ一世紀前までアルゼンチンもれっきとした先進国だったのである。一八九〇～一九二〇年代までアルゼンチンの一人あたりＧＤＰ（国内総生産）はアメリカやオーストラリアと同水準で、国家のＧＤＰランキングでも世界トップ10の常連だったのだ。

アルゼンチンの首都・ブエノスアイレスは「南米のパリ」と呼ばれたほどの都市で、当時、経済が不安定だったイタリアから豊かなアルゼンチンに出稼ぎに行った母を探す少年の物語『母をたずねて三千里』の舞台になったことでも知られている。欧州からの移民の間では、「ニューヨークか、ブエノスアイレスか」という言葉が聞かれるほどであった。

ところが、ニューヨーク発の世界恐慌で転機が訪れる。アルゼンチンはこの時期に世界で進んだ「工業化の波」に乗り遅れたが、それでも国民は生活水準

トルコ・リラの価値の推移（対米ドル）

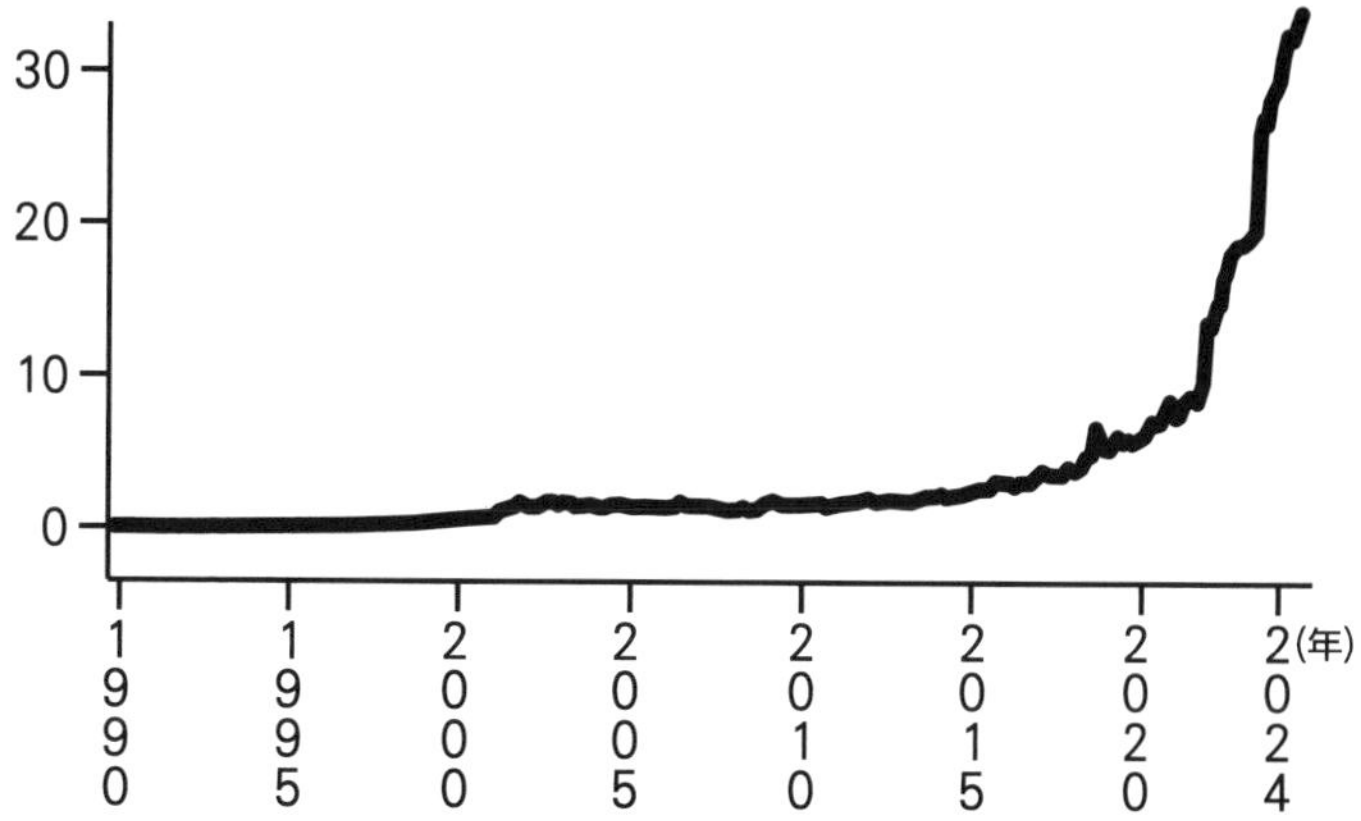

トルコの株価指数（イスタンブール100種）の推移

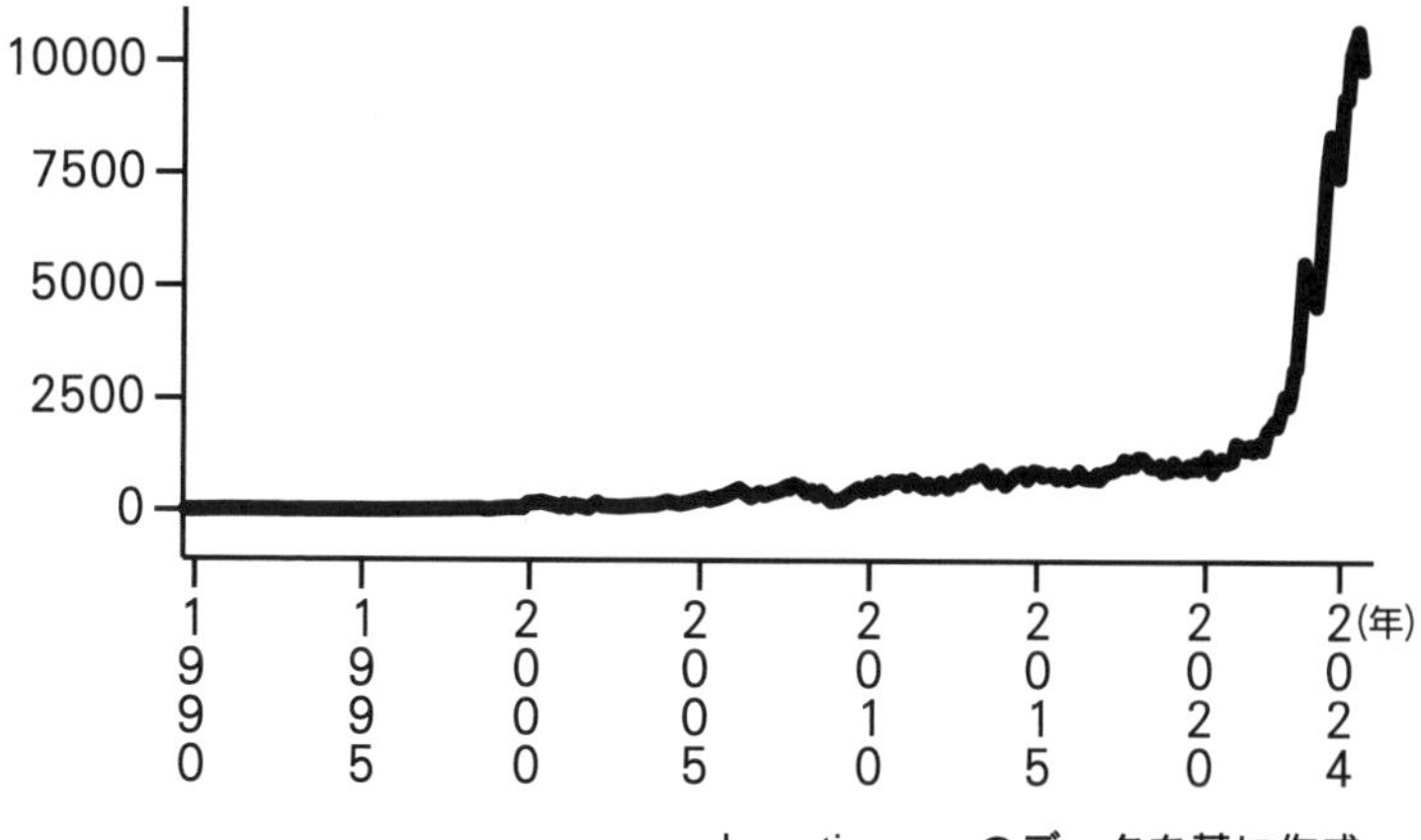

Investing.comのデータを基に作成

て行った。

を落とすことができず、政治に上等な社会福祉を求め続けた。そして、景気後退とインフレが並行的に起こるようになる。こうして、アルゼンチンは衰退して行った。

日本も、バブル崩壊やリーマン・ショックで打撃を受けた上に産業競争力が相対的に低下し続けている。それでも政治にばら撒きを要求する姿は、アルゼンチンのそれに似通《にかよ》っていると言えまいか。

英エコノミスト誌の編集部は、今から一二年前の二〇一二年に『Megachange（大激変）』と題した長期の調査予測の中で「日本は、世界で最も悲惨な二〇五〇年を迎える」と記した。私は、このままだと日本経済は向こう数年で決定的な瞬間を迎え、二〇五〇年代には後進国に転落してしまっていると思っている。

だからこそ、最近の株高を不穏《ふおん》に感じるのだ。二〇二四年二月二二日に日経平均株価はあっけなく史上最高値を更新したが、どうも市中からは高揚感が伝わらない。日本経済新聞が号外を出すなどメディアはお祭り騒ぎとなったが、明らかにほとんどの人は冷《さ》めた目で見ている。極めて不気味だ。

しかし、昨今の株高が国家破産の前兆であると考えれば合点《がてん》が行く。高揚感のない株高は、あくまでも〝悪性インフレを先取り〟しているのだと。

「日経平均株価一〇万円」は通過点

「日経平均は一〇万円へ、だが幸せとは限らない」――投資信託ひふみシリーズ最高投資責任者で一兆円を運用する藤野英人氏は、自身の著書『「日経平均一〇万円」時代が来る！』（日本経済新聞出版社）でこう記した。藤野氏は総じて株価に強気だが、人によっては「日経平均一〇万円」時代が残酷な未来になると警鐘を鳴らす。そう、〝格差〟が生じるということだ。

私がかねてから警告してきたように、日本には残忍な未来が待ち受けている可能性が極めて高い。それは悪性インフレが常態化した世界であり、それゆえに格差が極端なまでに拡大し、常に深刻な社会不安が募《つの》っているという、悪夢のような状況である。

この世の経済イベントの中で、国家破産（財政破綻）ほど恐ろしいものはない。それは、ひとえに国家の信用が失墜している状態であり、国民生活は完膚《かんぷ》なきまでに破壊される。

通常、国が破産する（信用を失う）と「株安」「債券安」「通貨安」というトリプル安に直面することは知っての通りだ。それでも国民は、なんとかインフレから逃れようと株や不動産、最近では仮想通貨（暗号資産）に殺到する。だから、アルゼンチンやトルコといった破綻国家の株価は上がるのだ。

コロナショック以降のアメリカで株にまつわる以下の流行したフレーズがある――「ＴＩＮＡ」だ。これは「There is No Alternative」（他に選択肢がない）の略語で、投資家たちがリターンを求めてほとんどあらゆるものにすがろうとする様を現している。このＴＩＮＡは、元々投資家が「ゼロ金利」（極端な低リターン）から逃れる様を言い現す際に用いられた言葉であったが、国家破産の際はより深刻な意味でこのＴＩＮＡが適用される。そう、「株でしか生活防衛を図れない」という絶望的な状況だ。

仮にこの先、日本国債が暴落し長期金利が急騰《きゅうとう》したとしよう。たとえば、長期金利が五％程度に上昇すれば、株価はまず間違いなくクラッシュ（崩壊）するはずだ。そうなると、結局は日銀が国債や株（ＥＴＦ：上場投資信託）の買い入れを余儀なくされ、元の木阿弥《もくあみ》（すなわち低金利）となる可能性が高い。その後は、壮大な円安と日本国民のＴＩＮＡによって株価が天井を突き抜ける。

ちなみに、破綻した国家では何かしらの資本規制が実行される場合が多い。たとえばアルゼンチンでは国民の外貨購入に厳しい制限がかかっており、外貨による資産防衛が難しい状況だ。

日本貿易振興機構（ＪＥＴＲＯ）の報告書「アルゼンチンの資本取引規制（二〇二二年八月）」には、以下のような記載がなされている——「近年、アルゼンチンでは資本取引規制が強化され、同国との貿易取引、同国への投資に大きな影響を与えている。財やサービスの輸入代金の決済、配当金や利益の外国への送金、市中銀行における両替など、外貨の取得が厳しく制限されており、厳しい経済情勢を背景に短期的にはこれらの解消を見込むことはできない」。

他方、トルコでは国民の外貨預金に制限は設けられていないが、それゆえにトルコ国民の預金の大部分が「ドル建て」となっており、恒常的な通貨安の原因になっている。そのトルコでは過去数年間、実質金利が主要国の中で最も低くなっており、それが株高をうながしてきた。これは、トルコ国民がドルや金《きん》、さらには消去法的に株を買ったという証左《しょうさ》でもある。

ここ日本でも、財政が破綻した際にはなんらかの資本規制が課せれると覚悟しておいた方がよい。日本の個人金融資産二〇〇〇兆円強のうち、約五五%が円建ての預金となっているが、これが外貨や外国株へキャピタルフライト（資本逃避）すれば猛烈な危機に発展し得る。そのため、日本国民の外貨や外国株の購入には一定の制限が設けられると考えるのが自然だ。そうなると、アルゼンチンやトルコのように消去法的に日本株が選好《せんこう》されるようになる。

こういう、「株しかない」というのは、真《しん》に絶望的な状況だ。思い起こすと、日本の終戦直後もそうした状況にあったのである。

もはや「株しかない」という〝絶望〟

ところで、終戦直後に株の売買はできたのであろうか。答えは「ＹＥＳ」である。しかも封鎖されている預金（旧円）から株を買うことができ、それを新円で売却するという、事実上の「引き出し」が横行していたのだ。

日本取引所グループが運営する「東証マネ部！」の「歴史的な視点で経済や市場を学ぶ」の中の「【第一三回】第二次世界大戦前後の証券市場（前編）（後編）」や、東京証券取引所が発行した『東京証券取引所五〇年史』がその辺に詳しく、これらの内容をごくごく簡単にまとめて紹介したい。

敗戦が濃厚となった一九四五年八月九日、大蔵省は日本証券取引所の臨時休業を発表、そして翌日に立ち合いが停止された。この日本証券取引所における立ち合いは戦後も再開されることなく、一九四七年に解散となる。日本を管理していたＧＨＱ（連合国最高司令官総司令部）は、戦後から一〇年は日本で株の取引所を認めないつもりであったが、市場関係者の粘り強い交渉により一九四九年に東京証券取引所が設立され、その年の五月一六日から取引が再開した。

では、この間は株の取引が一切できなかったのかというと、それができたのである。『東京証券取引所五〇年史』によると、

戦後まもなく、東京や大阪などの証券業者の店頭に、手持ちの株や債券を売って生活資金を得ようとする人々が現れた。一方、日本の将来の発展を確信し、またインフレ対策としてセメント株、食品株、繊維株、映画株などを買おうと証券業者の店頭を訪れる人々も多かったという。

そうした売買に応じる証券業者の機会が増え、また、業者間での出会いの取引も次第に増えて行った。とは言え、売買は相対《あいたい》であり競争原理が働きにくく、流動性も乏しかったことから価格は乱高下。そのため、公正な株価の形成や円滑な流通を期待して証券取引所の再開を求める声が高まった。

大蔵省と証券業者が協議した結果、一九四五年一〇月一日をもって全国証券市場を再開する旨の談話が津島寿一蔵相から発表されたが、ＧＨＱが同日に

「取引所再開禁止覚書」を発表、取引所の再開は実現しなかったのである。

しかし、自然発生的に始まった店頭での売買は絶えることはなく、次第に活発化し情報交換の場所を求めつつ、「集団取引」（一定の時間、一定の場所に集まり売買すること）へと発展して行った。

当初、集団取引は実物の商いを取り扱っていた才取人《さいとりにん》（売買の仲立ちを専ら行なう業者）と日本証券取引所の実物取引員が中心的な役割を果たしていたが、やがて他の取引員もこの集団取引に参加するようになったという。

この集団取引は、東京では一九四五年一二月一七日に兜町《かぶとちょう》の日証館《にっしょうかん》（ここは渋沢栄一ゆかりの地としても有名だ）で始まり、大阪が同年一二月一九日、翌年の一月一〇日には名古屋でも実施されるようになった。

日本を管理していたＧＨＱに加えて、大蔵省はこれを一九三八年に制定された「有価証券業取締法」によって行なわれる店頭売買の延長とみなし黙認する。

しかし、東京・大阪・名古屋で集団取引が始まっていた一九四六年二月一七日、日本政府はインフレを収束させるために「預金封鎖」（金融緊急措置令、日本銀行券預入令）を公布施行した。

より具体的な概要は、四七ページの通りである。

大卒の勤め人の初任給が四〇〇～五〇〇円だった時代、政府は国民に「インフレ抑制のため」と協力を訴え、著名な東京大学の大内兵衛教授による「蛮勇《ばんゆう》をふるえ」というラジオ演説の影響などもあり、日本国民の間には〝資産凍結やむなし〟という雰囲気も漂っていたという。また、「財閥解体」や「華族制度廃止」など民主主義の流れと合致していたこともあり、当時の新聞もおおむね財産税に好意的であった。

とは言え、前出の『東京証券取引所五〇年史』には〝五〇〇円耐乏《たいぼう》生活〟との記述がなされており、預金封鎖の下での生活は決して生易《なまやさ》しいものではなかったことがうかがえる。

二〇一五年四月一日付の東京新聞は、戦後の預金封鎖を振り返る記事を掲載し、以下のような、国民の悲痛な声を紹介している――

1946年2月公布「預金封鎖」の内容

一、２月17日以降、銀行などからの預貯金引き出しを制限（預金封鎖）

一、10円以上の日本銀行券（旧円）は３月２日限りで無効（それまでに使うか預金するしかない）

一、３月３日からは新しく発行した新円のみ使用可、旧円とは１人100円を限度に１対１で交換

一、勤め人の給与は月給500円まで新円で支給、残りは封鎖預金に振り込む

一、封鎖預金からの引き出しは１ヵ月に世帯主が300円まで、それ以外の世帯員は１人100円まで

東京都八王子市に住む内田イネ（七七）は「預金封鎖が父を変えてしまった」と言う。雪深い青森県で育ったイネ。漁師の父親は酒もたばこもやらず、こつこつ貯金し続け、「戦争が終わったら、家を建てて暮らそう」と言っていた。だが、預金封鎖で財産のほぼすべてを失った。やけを起こした父は海に出なくなり、酒浸りに。家族にも暴力を振るった。イネは栄養失調で左目の視力を失い、二人の弟は餓死した。イネは当時を思い出すといまでも涙がこぼれる。「戦争が終わってもまだ、飢えという別の戦争が続いていた」。

（東京新聞・中日新聞経済部編『人々の戦後経済秘史』岩波書店刊）

このように多くの国民が困窮を余儀なくされる一方、「抜け道」があったのも事実である。その代表例が、「株式売買資金」だ。

まず、一九四六年二月一七日から証券売買の決済はすべて「新円」によることとされたが、新円の流通が不十分であったため証券の売買は実質的に不可能

日本のインフレ率（消費者物価指数）の推移

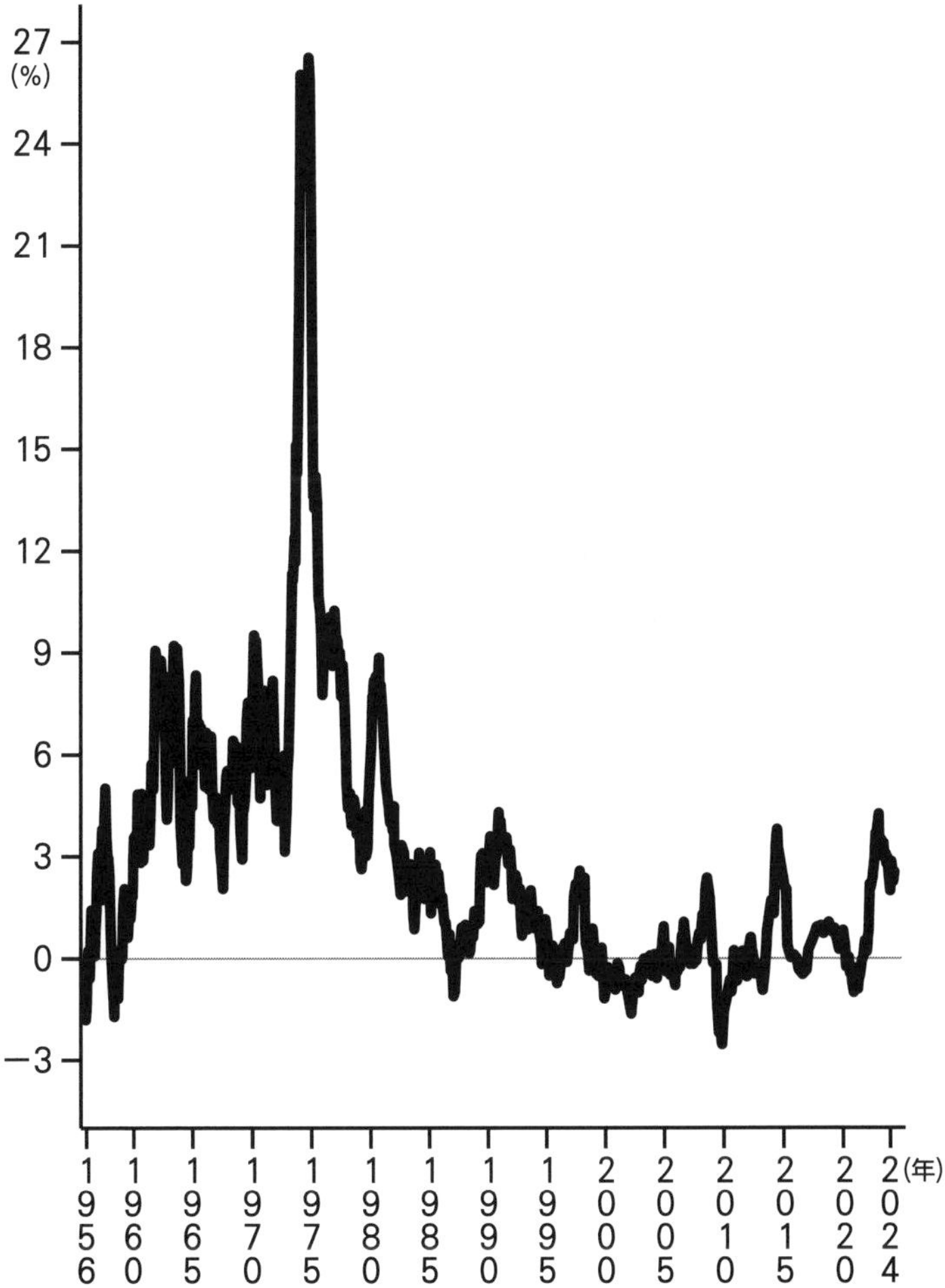

東証、総務省、日本銀行のデータを基に作成

となった。そのため、二月一八日から集団取引の立ち合いは休止され、新円による取引は二月二一日から行なうことを決めた上で日証と東京取引員協会の代表者が大蔵省に善処方を要請《ようせい》し、これを大蔵省が受理。二月二三日に告示を改正し、株式・出資証券・公社債などの買い入れに対し、封鎖預金による支払いを認めたのである。この改正により、二月二三日以降の証券市場では旧円（封鎖預金）と新円の二本立ての売買が行なわれるようになり、これを契機として証券市場は活況となったようだ。

旧円（封鎖預金）による株の買い入れが認められたことで換物《かんぶつ》（インフレ対策）の動きがモノから株に移り、旧円（封鎖預金）で株価を買って、それを新円の取引で売却するという、事実上の引き出しを目的とした売買が盛んに行なわれるようになる。

この集団取引の売買高は、四月、五月、六月と時を追うごとに増大した。『東京証券取引所五〇年史』は、この動きを「戦後初の株ブーム」と書いている。すでに東名阪で実施されていた集団取引は各地に広がりを見せ、一九四六年八月一日には神戸と新潟で、八月五日には京都で、そして一〇月一〇日には福岡で取引が始まった。また東京では、東京取引員協会が定めた集団取引のルールが同年五月一三日から実施されている。

しかし一九四六年六月二〇日、日本政府は証券の買い入れ資金を封鎖預金で支払うことを阻止する目的で「封鎖預金による株式の買い入れは発行会社の認証した名義書換申込書を金融機関に提出し、実際に売買があることを確認した場合に限って認める」とする大蔵省の告示を通達。これに対し、東京では翌日から集団取引を休止し、大蔵省に改善《かいぜん》方法を要望したが認められず、やむなく七月一〇日から旧円と新円の二本立てのまま集団取引を再開した。

取引再開後も封鎖預金による株式の買い入れはとどまることを知らず、金融機関の事務手続きが渋滞し、増大した受渡未決済残高が幾度となく整理されるなど、当時の証券市場には困難と混乱が常在していたが、人々の換物への意欲はすさまじかったそうで、封鎖預金による株式売買は一九四八年七月まで続いたとされる。

東京証券取引所は一九四九年五月に創立されるが、この間までに数度の株式ブームが起きたようだ。そのブームは、年を追うごとに波が高くなり、幅も広がって行ったという。

前出の『東京証券取引所五〇年史』は「集団取引が始まった一九四五年一二月から証券取引所（中略）はほぼ活況に推移した」とし、集団取引が果たした役割も「小さからぬものであった」と総括した。一方で、「集団取引に需給統合や売買管理上の問題があったことも否定できず、それゆえにこそ、公的な証券市場の必要性が強く要請されることになったのである」とも指摘している。

実際、戦後の集団取引には多くの問題も付きまとっていたが、インフレ対策を本音とした人々がその存在を欲していたことは間違いなく、さらには多くの面で信頼が醸成《じょうせい》されていた。一九四九年に公的な取引が再開された際に、それまでの集団取引での株式の価格が反映されたこともそのことを物語っている。

ちなみに、戦後の集団取引のインデックス（株価指数）は一九四六年八月を「一〇〇」としてそれが一九四九年四月には「六〇九・五」まで膨らんだ。およその六・一倍の上昇である。

預金封鎖は一九四八年七月に解除されたが、その間も高率のインフレが続いたため封鎖されている間に預金の価値が減少。税引き後の預金は最終的に一七分の一にまで減価したと言われているが、株で換物していた人たちの打撃ははるかに少なく済んだはずだ。中には、相場を利用して逆に富を蓄えた逸話なども残っている。余談だが、一九四六年の物価上昇率は五一四％、一九四七年が一六九％、一九四八年が一九三％であった。

早ければ二〇二〇年代後半にも日本はハイパーインフレに

これが、よく私が講演会などで口にする「戦後の預金封鎖や財産税の際、実は株式を保有していた人は売買することができて助かった」ということの真相である。

戦後の日本も、一九七〇年代のイスラエルでも、株価はインフレ率を上回るパフォーマンスこそ発揮できなかったものの、人々に資産保全として一定の役割を果たした。反対に、株やその他の換物をやっていなかった（要は現預金だけで持っていた）人たちは、地獄を見たであろうことは想像に難くない。

私の見立てでは、早ければ二〇二〇年代後半にも、ここ日本でハイパーインフレが起こり得る。その際の「ＴＩＮＡ」（株しか選択肢がない）は、相当に激しいものとなるに違いない。テクニカル的にも日本株は超長期の上昇トレンドを形成する可能性が高いが、もはや「一〇万円など通過点でしかなくなる日」がくるかもしれないのだ。

ハイパーインフレが本当にくれば、「日経平均株価一〇〇〇万円」は現実のものになるだろう。

第二章

戦前のドイツで起きた「恐怖のシナリオ」

〝ある種の〟インフレと株価の因果関係

「風が吹けば桶屋《おけや》が儲かる」ということわざがある。

大風が吹くと砂ぼこりが立ち、その砂で目を傷める人が増え、目の不自由な人は三味線を弾くから三味線に張る猫の皮が不足する。猫が不足すれば鼠《ねずみ》が増えて、あちこちの桶がかじられるから桶屋が儲かる、という理屈で、ある出来事が意外なところに影響をおよぼすことのたとえである。江戸時代の浮世草子（町人文学の文芸形式の一つ）が由来《ゆらい》とされており、日本固有のたとえ話だ。

とはいえ、一見関係なさそうな出来事が不思議な因果を結ぶ、という話は日本に固有のものではないし、もっと言えば文学の世界に限った話でもない。まったく違うジャンルに目を向ければ、似たようなたとえ話がいくつも存在する。海外の、しかも数学や哲学といった領域にすら、類《るい》する考え方は存在するのだ。

その一例として、「バタフライ効果」というものがある。バタフライ効果とは、江戸文学とはまったく無関係の、物理学の世界でのたとえ話だ。物理学の主要分野である「力学《りきがく》」は、物体間に働く力と運動の関係を研究する学問だ。一定の規則に従って時間経過と共に変化する観察対象の様子から、その変化の法則をモデル化、定式化することで特定の現象による将来の状態を予測することが可能になる。

たとえば、高いところから物を落とした時、何秒後に地面に到達するのか、あるいは槍《やり》を投げる時、どの角度で投げれば飛距離が最大になるのかなどは物理法則が定式化されており、実際に落としたり投げたりしなくても、かなり正確に結果を予測（計算）できる。

このように、「法則性がある状態変化」をモデル化し、あるいは数学的に記述したものを「力学系」と呼ぶが、「バタフライ効果」とはこの力学系の状態にわずかな「変化」を与えると、変化がなかった場合とはその後の「系」の状態が大きく異なってしまう現象のことを指す。なお、一般的には例示したような

「物を落とす」「槍投げの角度」のような比較的単純なものではなく、様々な要因が複雑に絡《から》み合う現象で起きるものと考えられる。何のことか少々わかりづらいが、次に示す言葉の由来を追うと合点が行くだろう。

　この言葉の由来は、一九七二年に気象学者エドワード・ローレンツが行なった講演のタイトル『ブラジルの一匹の蝶《ちょう》の羽ばたきは、テキサスで竜巻《たつまき》を起こすか？』によるとされる。気象現象は、熱力学や電磁気学、天体力学など様々な物理学の分野の応用や複合によって解析・研究が試みられているが、実に多くの要因が複雑に影響し合っているため、将来の予測が極めて困難な物理現象である。ほとんど同じような気象条件であっても、その後に生じる気象現象は常に同じになるとは限らない。となると、その結果の違いを決定付ける要因は、「人間がまだ知らないごくわずかな差」である可能性が考えられる。

　すなわち、一見すると無関係とも思えるような出来事（ブラジルでの一匹の蝶の羽ばたき）が、別の大きな現象（テキサスの竜巻）の要因になっている可能性もあるということだ（ブラジルとテキサスのそうした因果関係の有無が本当に議論されたわけではない）。講演タイトルは、そのことを実にうまく比喩《ひゆ》した表現と言えるだろう。

このように「意外な出来事が因果関係を結ぶ」という事実は様々なところに登場するのだが、実は株式市場の世界にも同様のことが言える。たとえば、まったく同じような動き方をしているように見える相場であっても、その後の展開が必ずしも同じようになるとは限らない。さらに、一見すると株にまったく関係ないと思われるような出来事が、後に株式市場全体に重大な影響をおよぼすといったこともまれに起きる。まさに「バタフライ効果」のような話である。

もちろん、物理学でいうところの「力学系」と同じように、株式にも基本的な法則というものは厳然《げんぜん》と存在する。不正を行なった企業が信頼を失い、株式価値が失われて紙キレ同然になる、といった類《たぐい》の話であれば、一〇〇社中九九社程度の再現性で同じ結果になるだろう。また株式の価格についても、理論的に考えるならその企業の現在価値と将来的な収益期待が算出根拠となり得る。したがって、株価が上昇するという現象は、一般的に見れば企業価値の向上であり、企業の経済活動が順調で将来期待が高いことを現している。

しかしながら、気象現象と同様に、現実の株式市場は複雑怪奇なものだ。潰れると思った会社の株が上がったり、正味の企業価値よりはるかに低い株価が付いたりすることは日常的だ。その最大要因は、実際の株価が「理屈」だけでは決まらないためだ。

どういうことか。実際に株価を決めるのは、最終的には売買に関わる多くの人間たちの「思惑《おもわく》」なのだ。市場では、日々多くの投資家が株価に関係すると思われる様々な情報を材料に思惑をめぐらせて取引をする。また、個々人の事情（やむなく株を売ってすぐ現金を作る必要がある人、機関投資家として短期的な収益獲得が課せられている人など、投資家が抱える事情は実に多様である）も相場に絡んでくる。その結果、将来の見込みが薄いにも関わらず、企業の現在価値をはるかに上回る価格が付く銘柄《めいがら》がある一方で、明らかに手堅い収益を期待できる優良企業が売り叩かれる、といったことも日常的に起きるのだ。

このように、複雑極まりない株式市場の世界だが、マクロ的な視点に立つとさらに別の風景が見えてくる。国の証券市場で取引される「すべての株」や「代表的な銘柄群」といった、いわゆる「株価指数」に注目すると、それは単なる企業の将来期待の集まりではなく、その国の経済状態や将来の行方を示す重要な情報という側面を持つようになる。

一般的に、その国の株価指数が上昇するということは株価が上昇する堅調な企業が多数あるということで、その国の経済状態が好調であると理解される。だが、株価が上がっていればその国の経済や財政が必ず好調なのかと言えば決してそうではない。その国が将来、非常に厳しい状況に陥る可能性がある場合であっても、株価指数が上昇することは十分に起こり得るのだ。

その国の将来と株式指数は、実は一対一の因果関係があるわけではない。私たちはその点に大いに注意する必要がある。

株価指数の上昇・下落は、企業の経済活動の好不調以外にも様々な要因が絡んでいる。まず、その国の政治情勢は株価に大きく影響する。たとえば政治が著しく不安定な国の場合には、政変によって社会が突然混乱し、経済活動が停滞するリスクがある。そうした国の株価は、ちょっとしたことで大きく下落したり、乱高下を繰り返したりしがちになるといった具合だ。

また、他国の経済状況の変化が株価に影響することもある。最近の例では、不動産不況に陥った中国で資産家層が中国での投資を控え、日本株に積極投資し、株価上昇の大きな要因の一つとなった。これは明らかに日本企業の要因ではなく、中国の投資環境の変化によるものだ。

この他にも、金融政策が株式指数におよぼす影響も大きい。物価上昇率が高進する国では、物価安定のために利上げを行なうが、一般的に利上げを行なうと企業は借入が厳しくなり、事業を縮小することで売上や利益が減る。これによって、株価は下落しやすくなるというわけだ。現実には、利上げをしても逆に株価が上がる局面もあるため断定的に言うことはできないものの、一般的な傾向としては「利上げ→株安」という構図が成り立つ。

外国為替も、株価への影響は小さくない。かつての日本のように、輸出関連企業が多い国では通貨安に振れると輸出品の価格が相対的に下がり、価格競争力が付くため、売り上げや利益が増える。したがって株価は上昇傾向を示す。一方で、現在の日本のように国内消費の多くを輸入品に頼る国の場合、通貨安は輸入物価の高騰につながり、国内企業の業績悪化ひいては株安の要因となりやすい。これらの要因は、株式における「外部要因」と言われ、株式の教科書には株価変動要因としてよく挙げられるものだ。

しかし、実は外部要因はこれだけにとどまらない。今回、私が特に注目し皆さんにお伝えしたい要因、それが「ある種のインフレによる株高」である。一見すると、インフレと株高は関係するようでしないような、あいまいな印象を持たれるかもしれない。しかし「桶屋が儲かる」とか「蝶が竜巻を起こす」よりも、はるかに明らかな因果関係が存在する。

ただし、ここで肝《きも》となるのは、一般的なインフレではなく〝ある種の〟インフレであるという点だ。それがどんな種類のものかは、追って説明して行く。

インフレが起きる理由

さて、非常に初歩的な質問だが、「インフレ」とは何だろうか。そして、それはどのようにして起きるのだろうか。

経済の教科書を開けば、大体はこんな感じの説明されている。まず、インフレとは「インフレーションの略。全体的な物価水準が持続的に上昇する状態。一般的に経済が成長過程にある時、適度なインフレ率上昇が生じる」というものだ。そして、インフレを含む物価変動が起きる要因を紐解《ひもと》くと、「①需要、②供給、③期待インフレ率の変動」の三つの要因があるとされる。たとえば物価が上昇する時、そこには①モノやサービスに対する需要が拡大する、②モノやサービスの需要に対する供給が減少する、③現在よりも将来物価が上昇することが見込まれるという、いずれか一つ以上の要因が作用しているというわけだ。

おそらく、読者の皆さんの多くは物価が需給に関係していることは直感的に理解されたのではないだろうか。ただ、三つ目の「期待インフレ率の変動」というのは、すぐにはピンと来ないかもしれない。これは、簡単に言ってしまえば多くの人が「これから物価がどう変化すると予想しているか」というものだ。ある意味で「社会の雰囲気」のようなもので、つかみどころがない要因のように見えるが、実は物価に大きく影響をおよぼす非常に重要な要因だ。

たとえば、毎年物価が一〇％上昇し、また賃金もそれにならって上昇している局面を考えよう。このような時、多くの人々は「一年後にはまた一割くらい物価が上がっているだろう」と思うだろう。そうなると、同じモノを買うのに一年待つと一割高い値段になるわけだから、早くモノを手に入れる方が得と考えるようになる。よって、「貯金するより欲しいものは買ってしまった方がいい」という人が増え、消費が好調となり、経済はさらによく回って行く。自己実現的に良い循環が起き、結果的に一年後には物価が一〇％上昇するということになる。

実はインフレという現象は、特にある水準まで経済が成熟した国においては、この「期待インフレ率」というものにかなり依存する傾向にある。もちろん圧倒的なモノ不足による物価高騰や、逆に在庫がダブついて投げ売りが起き物価が下がるという話もあるにはあるが、よほどの途上国かあるいはその国が存亡に関わる有事に陥っているかでもしない限り、本当にモノがないために物価が高騰するということはそうそう起きるものではない。大体の場合、人々が「物価が上がるかもしれない」と〝思う何か〟が起きることで、自己実現的に物価は上がって行くものである。

人々が「物価が上がるかも」と思う理由は、いろいろと考えられる。最も原始的な理由は、「将来のモノ不足懸念」によるものだ。たとえば、中東情勢が悪化すれば、原油供給が減少する可能性から原油高を予想するだろう。夏場の天候不順が続けば秋には野菜やコメが不作となり、価格が高騰することが見込まれる。これらはわかりやすい要因だ。

インフレそれ自体が、期待インフレ率を引き上げるという点も大きな要因だ。

インフレとは何か？（教科書的説明）

インフレ
（インフレーション）

全体的な物価水準が持続的に上昇する状態

要　因

①需 要
②供 給
③期待インフレ率

二〇二一年頃から世界中の主要国でインフレ率が上昇したが、これによってアメリカの労働賃金も大幅に上昇した。物価急騰によって生活が圧迫された労働者たちは、より良い賃金を求めるようになり、人不足が深刻化した。雇用者は高い賃金を提示しなければならなくなり、結果的に労働の対価もインフレした。実はこの「インフレがインフレを呼ぶ」という作用は、ある意味では非常に恐ろしいインフレの特徴でもある。

本来、インフレはモノの価格ではなくお金の量を指す

このように、インフレが起きる原理というのは様々にあるのだが、実はもう一つ忘れてはならない要因がある。インフレが進行するために必要なもの、それは「お金」である。それも、ある相当程度の量のお金が必要となる。

どういうことか。古典経済学の学説に「貨幣数量理論」というものがある。物価の変動は貨幣数量の増加や現象に比例するという学説で、具体的に次のよ

うな数式で現される。

流通貨幣総量×貨幣流通速度＝物価×取引量

これは、「フィッシャーの交換方程式」と呼ばれるもので、貨幣数量理論の代表的なアイデアの一つだが、非常に大雑把に言えば商取引全体の量に対して、流通する貨幣の量が増えるか、貨幣の流通速度が上昇するかすれば物価は上がって行く、という考え方だ。

だが、実際のところこの学説には批判的、否定的な論も多く、現実に即さないものとの指摘も多い。二〇一二年から安倍政権が行なった「アベノミクス」では、日銀と政府がタッグを組んで大量のお金を供給したわけだが、実際にはそのお金の大半は日銀当座預金に〝ブタ積み〟（有効活用されず無駄に積み上げられた）され、物価は上昇しなかった。

ただ、だからと言ってこの理論を完全否定することはナンセンスだろう。アベノミクスの場合、この学説が機能しなかったのではなく、発行したお金が実質的には流通貨幣にならなかったことが原因と言える。仮に、日銀当座預金のお金が全国民（特に消費行動が旺盛な現役世代）に何らかの方法で行き渡っていれば、そのお金で消費が刺激され、貨幣流通が活性化して物価は上昇しただろう。つまり貨幣数量理論は、原理的に言えばある程度正しいということだ。

少々回りくどくなったが、本題に戻ろう。つまり、相当量のお金が発行されているということは、インフレが起きるための前提条件ということだ。その意味において、日本はインフレが高進するポテンシャルがまだまだある。なにしろ、五百数十兆円もの日銀当座預金が使われずに眠っているのだ。

ひとたびインフレが始まり、期待インフレ率が上昇した時、発行されている「莫大なお金」は実はインフレ加速の大きな危険要因となる。もう少し正確を期すると、「莫大なお金の供給」こそがインフレの本質的・根源的な元凶である。

先ほど、インフレの教科書的な説明を行なったが、本来インフレとは「物価上昇」のことではない。インフレーション＝物価上昇というのは、誤訳《ごやく》とまでは行かないものの、語源をたどればまったく正確なわけではないのだ。インフレーションの動詞形「inflate」とは「膨張する」という意味で、ラテン語の「flare」（吹く）と「in-」（内部に）を合成した言葉がその由来だ。

では、経済の世界で何が膨張するのか、ということだが、それは世の中に出回る「お金の量が膨張する」ということだ。よって、本来は「モノの値段」のことを言っているのではなく、お金の「量」のことを指す言葉なのである。

では、なぜ物価に置き換えられたのか。おそらく素朴に考えるなら、お金の膨張によって引き起こされる現象としての「物価の上昇」に注目する方が一般庶民の理解を得やすいため、ということかもしれない。

しかし、若干邪推《じゃっかんじゃすい》のきらいもあるが、これは悪意ある誤訳である可能性もあるだろう。正しく説明するならば、「お金の膨張」によって生じるのは通貨価値の希釈《きしゃく》（すなわち価値下落）であり、その結果として同一価値のモノに支払う金額が増える（物価上昇）というカラクリなのだから、インフレ（膨張）して物価上昇が起きた、という方が説明として正しい。

しかしこれだと、需給変動による物価変動とインフレを区別する必要があり、説明がややこしくなる。また、現実世界で考えると、物価上昇によって庶民生活が苦しくなった時、「お金の膨張が原因」と言ってしまうとお金を増やした政府や中央銀行が元凶だということになってしまう。実際、古今東西あらゆる国で通貨改鋳《かいちゅう》が行なわれ、様々な混ぜ物をして金《きん》や銀の含有量を落としてお金の量を増やすことが行なわれたが、その結果、物価上昇が起き庶民はそのつど苦しんできた。そうした庶民の不満は、やがて政権転覆《てんぷく》にまでつながることすらたびたびであった。したがって、「インフレ=お金の膨張」と説明すると、通貨を発行する為政者にとっては非常に都合が悪いわけだ。

これが「インフレ=物価上昇」とすると、原因と結果が逆になった印象となる。なぜかわからないが物価は上がった。一方で、回っているお金は足りない。では、国はお金を供給します、という説明なら国民の怒りも国に向かいにくい。率直に言って、庶民の怒りの矛先を逸《そ》らすための悪質な印象操作の類にも思われるが、現実的にはそういう共通認識が一般的になっている。

インフレとは何か？（本来的説明）

インフレ（インフレーション）
＝「膨張」の意

In-（内部に）
flare（ラテン語で「吹く」）

お金の膨張、すなわち
お金の価値の希釈
（薄まること。つまり価値が下がること）

結果的な現象として、
物価上昇が起きる

お金の膨張が株価に与える影響

話を戻そう。インフレの要因はいろいろ考えられると説明したが、この「お金の膨張」が期待インフレ率の上昇につながり、「インフレがインフレを呼ぶ」状況になってくると、非常におかしなことになってくる。

通常、人は欲しいモノに対価としてお金を払うわけだが、この状況では「お金が要《い》らないからモノを欲する」という、普段なら決して起こり得ない謎の状態に人々は陥るのだ。誰もが「ババ抜きのジョーカー」のごとく、お金を早く手放してモノに換えようと奔走し、最終的に物価上昇は誰もが想像しない勢いで加速することになる。いわゆる、「ハイパーインフレ」だ。

前述した貨幣数量理論で言えば、流通貨幣も莫大で流通速度もすさまじい勢いなのにモノには限界があるため取引量は増えない、という状態だから、方程式が示す通り、見事なほど物価にしわ寄せが行くという道理だ。

実は、こうした「お金の膨張」による物価上昇は、株価にも大きな影響を与えることがわかっている。このことは、一部の専門家や研究者などには常識的な話であったものの、一般的にはあまり知られていることではなかった。なぜなら、そう頻繁《ひんぱん》に起きる性質のものではないためだ。

まず、そもそもの話として、インフレの高進という状況がここ二〇〜三〇年程度の特に先進国ではほとんど起きて来なかった。世界がインフレ基調であったのは一九七〇年代のことで、この時はオイルショックによる不況の波が各国企業を直撃し、株価は頭打ちし下落基調に陥っていたのだ（日本の場合、事情が異なりニクソンショック以降に起きた過剰流動性相場によって、わずか一年あまりの間に平均株価が倍になるという急伸を見せている）。

では、どんな局面でインフレと株価の連動が起きるのかというと、前章で見たように一九九〇年代以降、断続的に高インフレが進行してきたアルゼンチンやトルコ、また一九七〇〜八〇年代にかけて第四次中東戦争の混乱の渦中にあったイスラエル、そして第二次世界大戦の敗戦によって「ドサクサ」と言われた混乱に陥っていた日本という、いずれも国家が混迷と動乱に揺れていた時期のことである。こうした激動と動乱の時代には、インフレすなわちお金の膨張が株式市場への資金流入をうながし、記録的な株高が発生するのだ。

中でも、歴史上最もこの現象が顕著だった事例が、ドイツである。第一次世界大戦に敗戦し多額の賠償金を負ったドイツでは、近代以降最も悲惨なハイパーインフレに見舞われたが、ドイツの株式はその間に一時インフレ率をも上回る上昇を見せた。ここからは、今少し詳しくその経緯やコトに至った要因を見て行きたい。なぜなら、ドイツのこの事例は、私たちにとって極めて示唆《しさ》に富む内容であるからだ。

ドイツを追い込んだ「戦時公債」と「莫大な賠償金」

ドイツはどのようにして歴史上まれに見るハイパーインフレに見舞われたのか。直接的には第一次世界大戦の敗戦が原因だが、ではなぜ戦争に至ったのか、歴史的背景もざっとおさらいしながら見て行こう。

一七八九年のフランス革命と、その後のナポレオンの登場によって、一九世紀の欧州には市民革命と民族主義の大きなうねりが広がった。ドイツでは神聖ローマ帝国が崩壊するも、民主政治は台頭せず封建制度が続き、曲折《きょくせつ》を経て一九世紀後半にはプロイセンを中心としたドイツ帝国（帝政ドイツ）と、オーストリア＝ハンガリー二重帝国が成立した。しかし、その新しい統治体制もわずか五〇年ほどで崩壊の憂《う》き目を見た。その直接要因が、第一次世界大戦だ。

戦争の発端は暗殺事件だった。一九一四年七月、オーストリア＝ハンガリー二重帝国の皇位継承者夫妻がサラエボ（現在のボスニア＝ヘルツェゴビナの首都）で暗殺される。ロシア・トルコを含む欧州圏では、折《おり》しも列強諸国の帝国主義的拡大によって緊張が加速していたが、その焦点となっていたのがバルカン半島である。オスマン・トルコの衰退、さらに一七八九年のフランス革命以降、封建制度が崩壊し民族主義が台頭する中で、バルカン半島はスラブ系やゲルマン系をはじめ様々な民族・宗教が入り交じり、紛争が絶えなかった。そこに列強各国の国土拡大の思惑も複雑に絡み合い、バルカン半島は「欧州の火薬庫」と呼ばれる一触即発の状態となった。

そのバルカン半島の付け根にある都市で起きたオーストリア皇太子の暗殺は、ある意味では起きるべくして起きた事件とも言える。暗殺者が親ロ派のセルビア青年だったことで、事態は一気に国際問題に拡大、オーストリアはこれを口実にセルビアに宣戦を布告した。領土拡大を画策していたロシアは、これを阻止すべく戦力を動員してセルビアの背後に付くも、オーストリアと同盟を結ぶドイツがロシアに動員解除を要求、これが拒否されるとロシアに宣戦布告する。ロシアは同盟国フランスにドイツと戦端を開くことを要請、普仏《ふふつ》戦争の復讐《ふくしゅう》に燃えるフランスはこれに即応して総動員を行なう。

かくしてドイツは、ロシアに続きフランスにも宣戦を布告する。独仏は歴史的に長い闘争の歴史があり、当時は国境が要塞《ようさい》化していた。このためドイツはベルギーを経由して侵攻を行なったが、これがイギリスの参戦を誘発する。元々イギリスはドイツとの直接的な利害関係はなかったものの、同盟国であったロシア、フランスを支援する機会を伺っていた。当時、ベルギーはいかなる陣営にも与せず中立を宣言していたが、ドイツはベルギーに対して実力行使に出たため、イギリスはこれを口実として参戦を果たしたのだ。

欧州主要国は互いの利害に絡め取られるかのようにして、次々と戦争へと突入した。これは、たとえるなら娯楽に乏しくやることのない田舎町で無駄に体力を持て余したヤンキーたちが、屁理屈《へりくつ》を並べて因縁を付け、ケンカをけしかけるような話である。他のヤンキーたちも暇で力を持て余しており、仲裁《ちゅうさい》する振りをしてさらにケンカに加わる。大乱闘の末、何人かが後遺症の残る大けがをする。このケンカでおかしな恨みを買い、後にまた因縁を付けられる者がいる一方で、乱闘中に鉄パイプやバット、酒を配って回り、小遣いをかせぐ輩もいた、というところだろう。

アメリカは開戦当初、「モンロー主義」を掲《かか》げ戦争への非介入を貫いていた。しかし、イギリスがアメリカ企業から大量の物資を輸入し、このおかげでアメリカ経済が特需《とくじゅ》に沸《わ》いたことが参戦への誘引力となった。イギリスは借金をしてまでアメリカからの輸入を続けていたが、アメリカにしてみても仮にイギリスが敗戦してデフォルトにでも陥れば、自国に多大な経済的打撃が生じる。そのため、遅ればせながらアメリカも戦争に乗り出したのである。

アメリカの表向きの参戦理由は、「無制限潜水艦作戦」（イギリスの海上封鎖による「兵糧攻め」に対し、ドイツが指定する航路以外を航行する船をUボート（潜水艦）で無制限に撃沈するという作戦）に対する「人権や民主主義を守る戦い」という大義のためだったが、それは単なる綺麗事《きれいごと》に過ぎない。本心は、戦争によってイギリスからもたらされる経済発展と、イギリスの対米債務を守るためという生々しい動機があったのだ。

一九一七年のアメリカの参戦によって、戦況は一気に連合国優位となる。ドイツはなんとか戦線の維持を試みるも、そのもくろみは自国の兵士と民衆にくじかれることとなった。一九一八年一一月、ドイツで水兵が反乱を起こし、これがきっかけとなって「ドイツ革命」が勃発する。

ドイツ帝国は倒され、その後に成立した臨時政府は連合国と停戦協定を結び、第一次世界大戦は終結を迎えた。ドイツ革命の背後には、戦争が生んだ経済問題が関係していた。実は、ドイツ国民やドイツ兵は、開戦後からじりじりと物資不足によるインフレに苦しめられていたのだ。これは、イギリスが海上封鎖を行なってドイツの輸入を寸断し、「兵糧攻め」を行なったことも大きい。

しかしその一方で、戦争利得に浴する資産家たちもいた。ドイツでは、戦費ねん出のために通貨発行を増大しインフレが進んだが、これが工場経営者など資産家たちにさらなる追い風となったのだ。

民衆は、貧富格差の拡大に嫌気がさしていた。特に不満を抱えていたのは兵士たちである。第一次世界大戦のドイツ兵を題材にした小説『西部戦線異状なし』では、若い兵士が「戦争で得をした者もいるはずだ」「ドイツの工場主は金持ちになった。しかし僕たちは赤痢《せきり》に腹をやられている」と語る一節がある。彼らは、自分たちが命がけで戦っている間、本国の安全なところで私腹を肥《こ》やす人々に大いに不満を膨らませていたのだ。当然、前線での士気は時を経るごとに低下して行った。

結局、ドイツは各戦線において決定的な戦力差で戦いに負けたのではない。モノ不足とインフレで兵士の士気が下がり、その結果じりじりと戦線を後退させ、最終的には国内で兵士と民衆が蜂起したことで内部から瓦解《がかい》したのである。

さて、敗戦したドイツにはさらなる苦境が待ち受けていた。ヴェルサイユ条約でドイツはフランス、イギリス、イタリア、ベルギーなどに巨額の戦争賠償金を課せられたのだ。その総額は一三二〇億金マルクで、当時のドイツには「天文学的数字」であった。

これを現在の価値に直すとどれほどのものなのか。推定方法はいくつかあるが、一金マルクが約〇・三五八グラムの金《きん》と等価とされるため、これを基にすると一三二〇億金マルクはおよそ四万七二五六トンとなる。二〇二四年八月現在、金《きん》価格は一グラムあたり一万三〇〇〇円前後で推移しているため、日本円では約六一五兆円となる。なお、当時の数字で比較すると、一九一三年のドイツのＧＮＩ（国民総所得）の二・五倍というから驚きだ。

この絶望的な賠償はドイツの財政に致命傷を与えるに十分だったが、ただ実際のところドイツがハイパーインフレに至った原因はこれだけにとどまらない。ドイツが戦争を始めるにあたって、戦費調達のかなりの部分を戦時公債に依存していたことも重要な点である。要するに、借金で戦争を続けていたわけだ。

もちろん、借金それ自体がダメということではない。戦争に勝てば相手から賠償金を取り、返済も問題なくできただろう。しかし戦争には負け、返済の当てがなくなっただけでなく、莫大な賠償金も背負うことになった。これが、ハイパーインフレに至る決定的な要因である。

ちなみに、イギリスやフランスなどの協商国では、戦費を主に税金で賄っていた。国民にとって税金という形で戦争への重い負担がのしかかったわけだが、しかし借金をしなかったことは戦後の経済状況に大きな差を生んだと言われる。戦中から戦後にかけて、主要国は軒並みインフレに見舞われていたが、その程度にはかなりの差があった。戦前と戦後の比較ではアメリカは三倍、イギリスは四倍弱、フランスが七倍、ドイツは一二倍、物価が上昇した。ただ、イギリスやフランスは税金で戦争したため、戦後に莫大な債務を抱えることがなかったので、財政再建とインフレ対策はドイツほど悲惨な事態にならなかった。

戦争とは、ある意味で国の命運を懸けた壮大な「公共事業」だ。しかも、やれば確実に儲かるわけではなく、ある種のギャンブルのような側面がある。そういう博打《ばくち》めいた「事業」を、国民資産（すなわち税金）を原資として行なうか、はたまた戦時公債などの借金で行なうかは、その後の国家財政に大きな影響をおよぼすということだ。

日本でも、第二次世界大戦に際して戦時公債で資金調達を行なったが、国民の富を吸い上げた挙句、戦後には紙キレになっている。借金で戦争すればそのツケは戦後、莫大なものになって国民に重くのしかかってくるのである。

ドイツのハイパーインフレと株価狂乱

さて、戦争が終わり賠償金が課せられたドイツでは、物価上昇は戦時中よりも深刻なものとなって行った。近隣諸国も戦争で疲弊《ひへい》しており、需給が厳しい状態が慢性化していた。

終戦から二年後の一九二〇年には、消費者物価指数が一九一三年から比べて一〇一二～一四倍に急騰していた。対ドルの為替相場は、開戦時から比較して一〇分の一から一五分の一にまで下落し、一般庶民の食費は収入の四分の三を超えるほどになっていたという。

しかし、敗戦とインフレという厳しい状況下にあって、ドイツでは不思議な現象が起きていた。ドイツ企業が急速に業績を回復し、株価も大いに浮揚したのだ。一九二〇～二二年のドイツの工業生産は二〇％の成長を示しており、同時期の世界の工業生産指数がマイナス一五％であったことと好対照であった。失業率も一％という、ほぼ完全雇用のような状況となった。高インフレと共に到来した株高に、人々はこぞって投資に打ち込むようになった。

徐々に過熱するインフレに対して、誕生間もないワイマール政府は紙幣の増刷に打って出た。現代であれば、物価上昇が加速すれば金利を調整するなどの金融政策によって物価統制を図るが、当時はインフレが加速するつど紙幣を増

1920年のドイツの物価、外国為替、株価推移の比較

※1920年1月を100とする

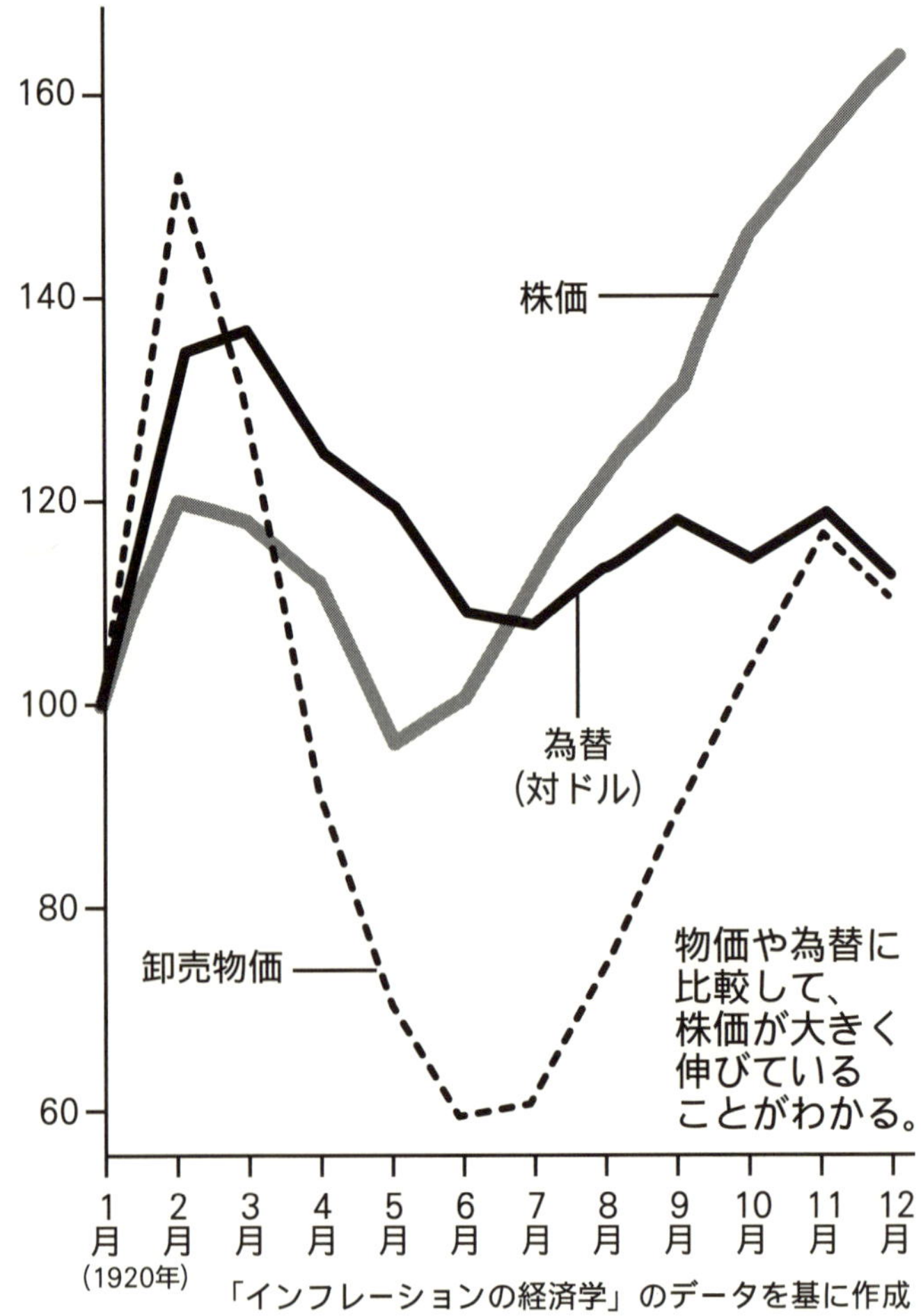

「インフレーションの経済学」のデータを基に作成

1921年のドイツの物価、生活コスト、外国為替、株価の推移

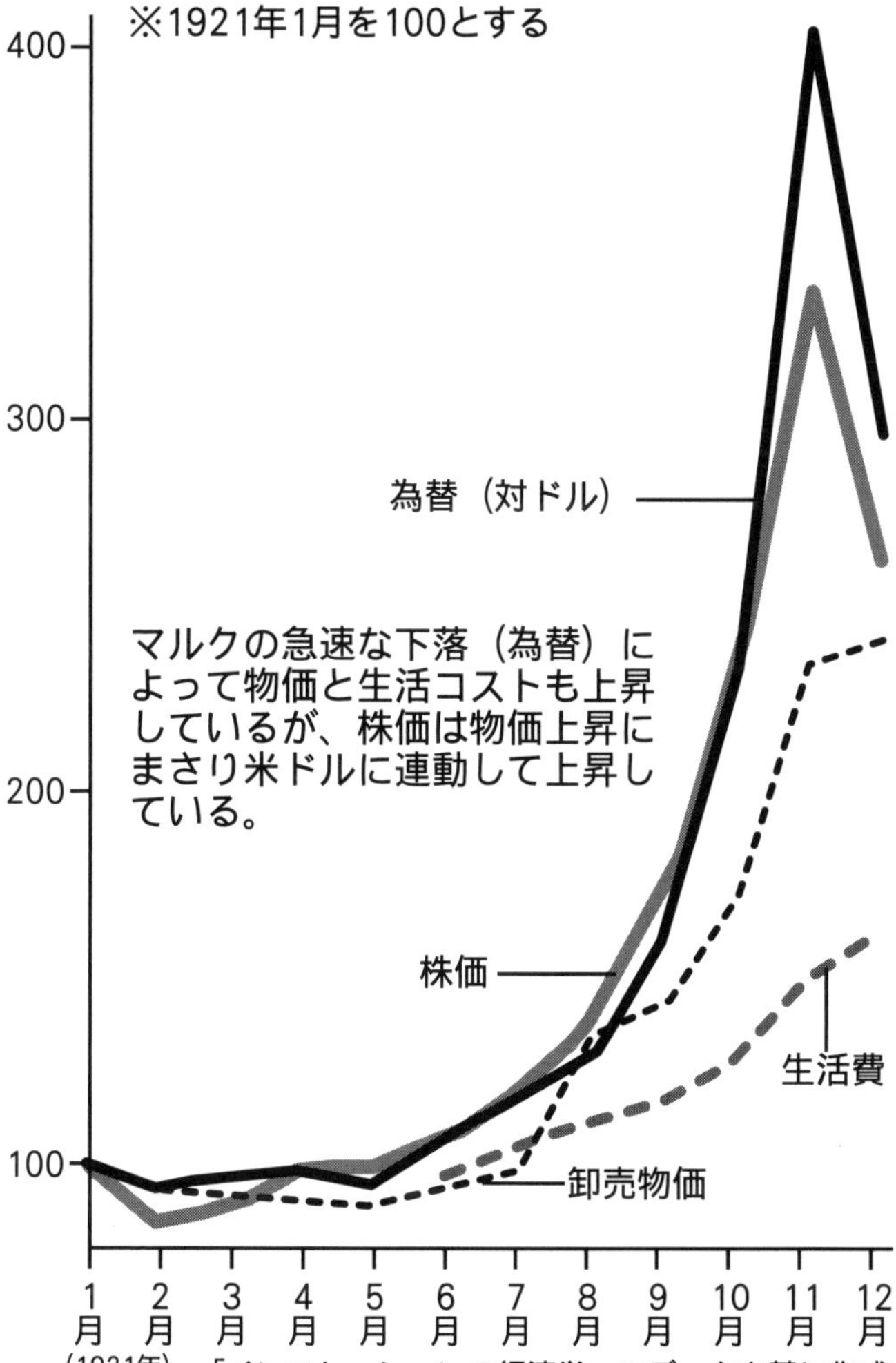

「インフレーションの経済学」のデータを基に作成

刷するという方法は、それほどおかしなものではなかった。ただ、この方法は後に完全なる悪手とわかるものだった。

当時のドイツ人の一般的なインフレに対する認識は、大量の債券発行と紙幣の増刷によってマルクの価値が希釈したのではなく、物価が高騰しているゆえにお金の量が足りていないというものだったという。これは、一般庶民はもちろんのこと、政府関係者もそのように認識していたというのだ。

当時ドイツでは、「一マルク」という言葉がよく使われていたそうだが、これは簡単に言えば「一マルクは一マルク」という当時のドイツ人の一般的な認識を指している。そのため政府は、足りないお金を補うことが必要と考え、人々はお金が足りない分、労働の対価としてより高い賃金を要求した。この時点で明らかに「インフレ」の意味をはき違えているわけだが、おそらく現代人でも経済に疎《うと》い人なら同様に考えている人は多いのではないだろうか。

こうした認識の下、ドイツではインフレが進むつど大量の紙幣（しかもどんどん桁数が増える）を発行し続け、ハイパーインフレの末期である一九二三年にもなると、紙幣印刷は巨大な公共事業と化していた。なんと、印刷局には一時七五〇〇人以上もの人員が「造幣のみのため」に働いていたという。しかもそれでも足りず、国家直属の印刷所が八四ヵ所、さらに間接的に造幣に従事する印刷所も六〇ヵ所あったそうだ。こうなると紙の需要も膨大で、三〇ヵ所以上もの製紙工場がフル操業していた。印刷用のプレートは四〇万台にもおよび、それを作るための電鋳《でんちゅう》工場も二九ヵ所稼働した。結果的に、約一〇〇億枚もの紙幣が印刷されたそうだ。しかも、その券面には「億」や「兆」など、およそ私たちが日常生活で聞くことのない桁数が載っていたのだから、驚がくを通り越して笑う他ない。

一九二〇年頃から二三年にかけて、ドイツは加速度的なインフレに見舞われたが、人々はその混乱から財産を守るために様々な方法に奔走していた。その様子が、在独イギリス大使館が保管していた資料に残されている。一九二一年九月、ベルリンのイギリス大使館の参事が残した報告書には、以下のような指

膨れ上がる紙幣の需要に、ワイマール政府は膨大な人員と資源・設備を投下して臨んだが、その結果として発行された紙幣は人々にぞんざいに扱われた。（写真提供：Granger/PPS）

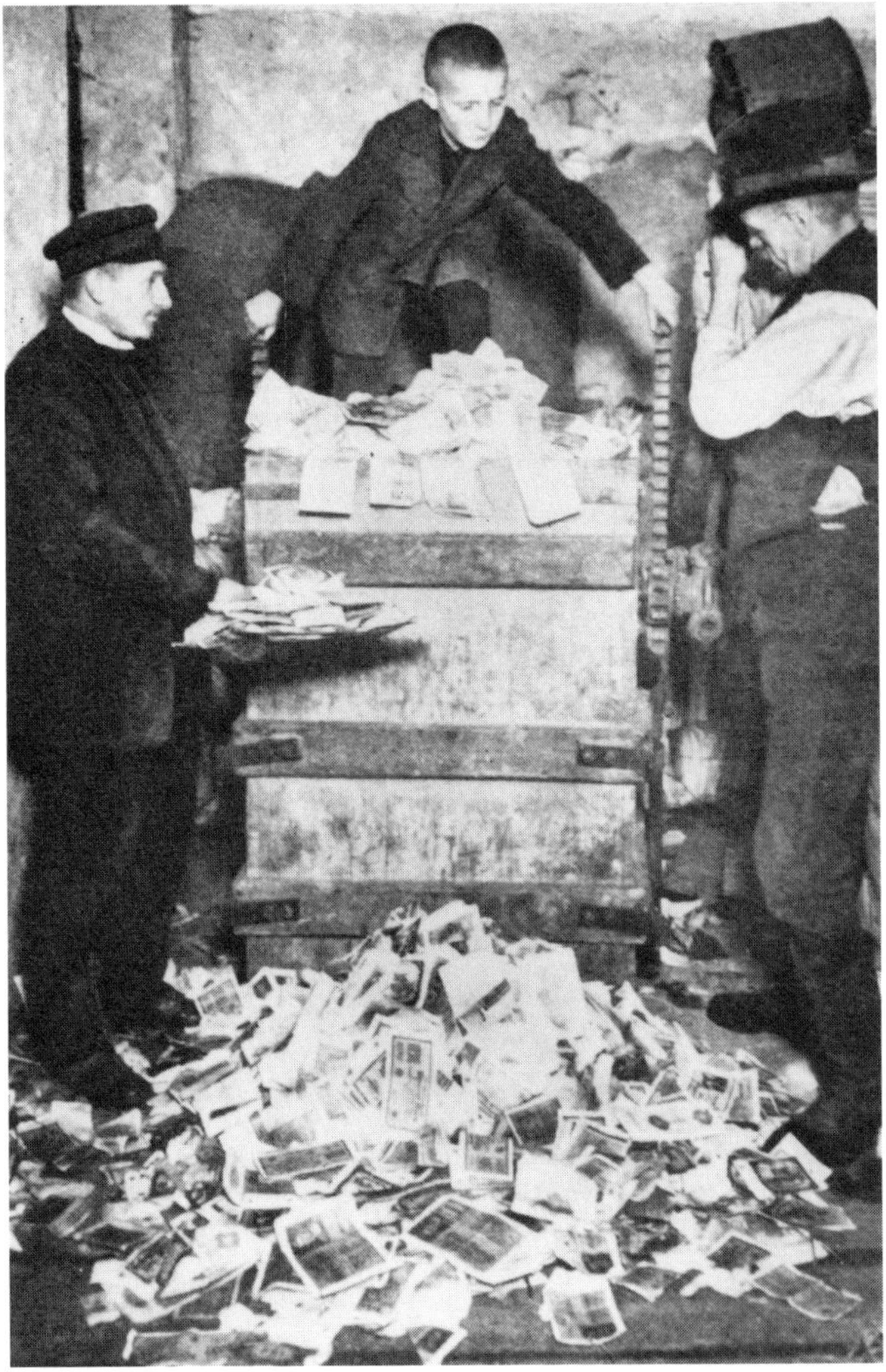

どんどん刷られたお金は、その価値を失って行った。お金を踏みつけて嵩を小さくしている子供。(写真提供：Mary Enans/PPS 通信社)

摘があった。

この国では今、何百万人もの人間が新たな税負担に備えて、外貨を買い、外国の紙幣を貯め込んでいると言われている。筆者もそれはまちがいないと感じる。（中略）筆者の知っているドイツ人には、男女の別なく、外貨を買っていない者はほとんどいない。誰もがオーストリアのクローネや、ポーランドのマルクや、ロシアのルーブルすら買っている。マルクが下落すればするほど、必然的に、工業株は値上がりする。投機家たちは株式市場の値上がりによる利益を期待して、計画的にマルクの下落を引き起こしていると考えられる。

（アダム・ファーガソン著『ハイパーインフレの悪夢』新潮社刊）

人々がこぞって外貨をため込んだというのは、まさに私が国家破産研究で得た知見と一致するわけだが、もう一つ注目いただきたいのは「必然的に工業株は値上がりする」のくだりだ。前述の通り、一九二〇年から二一年にかけてドイツの産業界は活況に沸き、株式市場にも大量のお金が流入していた。それは、終戦による特需に加えてワイマール新政府が産業界に戦後復興を企図した手厚い援助を実施していたことも関係している。

どういうことかというと、たとえばドイツの石炭価格は政府援助によってイギリスよりも安い原価で入手できた。パンは、自由市場での価格よりも安く売られていた。鉄道も、本来のコストより安く利用することができた。これらは、新政府が財政を犠牲にして産業復興策として行なわれたわけだが、これを利用する企業からしてみれば、その分大いに利潤《りじゅん》を追求できた。

さらに、マルクが大幅に減価したことで、ドイツ企業の輸出競争力は格段に向上した。輸出を主力にしている工業や商業は、その恩恵にあずかって莫大な利益を得たわけだ。こうした事情もあって、ドイツの株式はこの時期ドルと連動して動き、「価値の保存手段」として大いに重宝されたのだ。

この時期、株価は明らかにインフレと連動して急騰を続け、人々の資産をインフレから守ったのだが、実は話はそう簡単ではなかった。一九二二年に入ると、株高の様相が一変したのだ。

正確に言うと、名目の価値（すなわちマルク建ての株価）はどんどん上昇していたものの、実質価値（金《きん》ベースに変換した株価）は大幅に下がっていたのだ。一九二二年夏時点では、戦前の一〇分の一にまで下がっていたという。他の金融資産に比べればはるかにマシだったとは言え、資産家は実質的には含み損を抱えた格好だ。当時の新聞には、ドイツの全企業の時価総額の低さから、外国人にこの株式が丸ごと買い取られる危険性があり、海外で伝えられているドイツ産業の活況は実態と大きくかけ離れていることが報じられている。世界有数の自動車メーカーであるメルセデス・ベンツの前身であるダイムラー社は、自社が作る自動車三二七台分の値段でダイムラーの工場、土地、在庫、資本、組織すべてを買い取ることができたと言われたほどだ（あくまで冗談だが）。

こうして見てみると、株は資産保全に役立たないという印象を持たれるかもしれない。しかし、この話には注意しておきたい点がいくつかある。まず、株

1922年のドイツの物価、為替、生活コスト、株価の推移

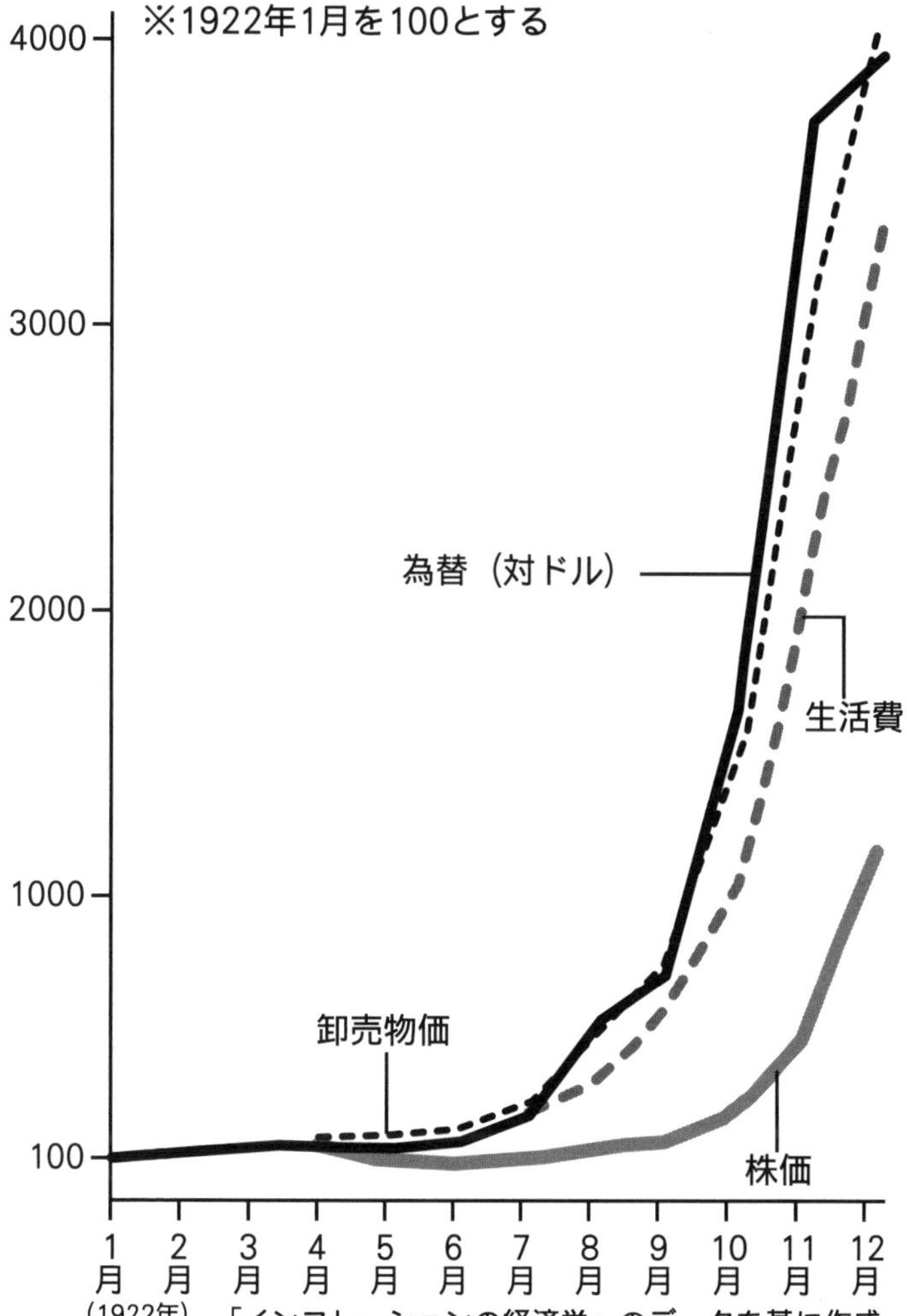

「インフレーションの経済学」のデータを基に作成

式は名目価値が上昇していても、実質価値があまり上昇していない（もしくは下落している）場合があることを正しく認識するということだ。

九五ページに、一九二二年の物価、為替、生活コスト、株価の上昇率の比較を掲載しているが、ご覧の通り、この時期の株価の上昇はインフレ（通貨価値の下落）に比べて四分の一程度の伸びにとどまっている。つまり、外貨建て資産（ここではドル）に比べて、この時期の株式は弱かったということだ。

一方で、このグラフからはもう一つの重要なポイントが読み取れる。物価や為替が年初の一〇〇から年末の四〇〇〇まで四〇倍に上昇していることから、お金の価値は四〇分の一に減じている。一方で、株価は一〇〇から一〇〇〇に上昇しており、紙幣に比べて価値の下落は四分の一程度に抑えられている。

要約するとこうだ。ドイツの一九二二年のような局面では、「完全な」資産防衛を行なうには「外貨建て資産」が最適となる。しかし、株式は力不足の感はあるものの、「価値の保存手段」として他の選択肢よりも十分に機能していると言えるということだ。

一九二三年、「レンテンマルクの奇跡」

そして、いよいよ運命の一九二三年、ドイツのハイパーインフレが極限に達し、「レンテンマルク」の登場によって奇跡のようにインフレが終息する激動の一年を見て行く。

この年の一月、フランスがドイツ西部のルール地方を占拠する。ドイツからの賠償金支払いが滞《とどこお》ったことを理由として、かねてから狙っていた国境の工業地帯を切り取りにかかったのだ。ドイツは「消極的抵抗」としてルール工業地帯の労働者にストライキを呼びかけ、さらにスト中の賃金を政府が保証した。ただでさえ実質破綻しているような財政に、これが追い打ちをかけた。石炭・コークス・製鉄の生産が完全にストップしたドイツは、ハイパーインフレへの道を一気に駆け抜けた。この時期、冗談のような高額紙幣が次々と発行された。ルール占領直後に一〇万マルク紙幣が発行され、その三週間後には一〇〇万マルク紙幣が発行された。

このあと発行される紙幣のマルの数は見る見る増え、最終的には一〇〇兆マルクという超々高額紙幣まで発行されたが、すべて紙キレとなった。また、「ノートゲルト」と呼ばれる緊急通貨も乱発された。元々は大戦中に起きたインフレに対応するため、銀行や自治体、国有企業や民間企業が地域限定や店舗限定の補完通貨として発行したものが始まりだったが、インフレが高進するにつれてノートゲルトの額面も上昇し、そのうち政府が認めていないにもかかわらず勝手に乱発するようにもなった。もはや、「お勝手通貨」「ヤミ通貨」の様相だが、これも混乱に大きな影響をおよぼした。

ルール紛争によって混迷の度を増すドイツ経済だったが、株式は前年の実質価値下落から回復して行った。もちろん株価は乱高下を繰り返し、非常に不安定な状態だったが、「価値の保存手段」としての人気は定着した。この時期の株価高騰には、ルール紛争でドイツ政府が労働者に支払っている賃金が大量に流れ込んでいるという事情も大きく作用していた。

激しい価格変動のおかげで大損失を被る投資家がいた一方で、思いがけない利益を手にする者も現れた。また、ハイパーインフレの結果として実質的に企業の負債がほぼゼロになったため、株主への所得移転がなされた。こうした事情も、株式投資に人気が集中した要因である。

しかし、一九二三年はそれだけでは終わらなかった。ルール占領に対する政府の弱腰姿勢を非難する右翼勢力が台頭し、クーデターを引き起こした。一一月八日、バイエルンの都ミュンヘンで一揆《いっき》が勃発する。首謀者は、かのアドルフ・ヒトラーである。結果的にクーデターは失敗に終わるものの、ドイツ国内はすさまじいインフレによって庶民生活はなぎ倒され、引き裂かれていた。ナチスに続くクーデターが発生し、さらなる混乱が勃発しても不思議ではない極限状況の中、狂気的なインフレへの対処は〝もはや待ったなし〟となった。

ここで奇蹟を起こす人物が登場する。ヒャルマール・シャハトだ。シャハトは、この時期屈指の財政学者であり銀行家・政治家でもある。その手腕から「財政の魔術師」と呼ばれた人物だ。ちなみに、シャハトは極めて鋭敏《えいびん》な頭脳と能力を持っており、後にドイツ経済復興のためにヒトラーに接近するとその能力をいかんなく発揮し、経済大臣にまでのぼり詰めた。第二次世界大戦終戦後にはナチスに加担した重要人物としてニュルンベルク裁判（戦争犯罪を裁く裁判）にかけられたが、この時行なわれた知能検査でのシャハトの知能指数は一四三で、全被告人中一位の極めて高い知能を持っていたという逸話がある。

さて、このシャハトが実施した「レンテンマルク政策」によって、ドイツのインフレはあっという間に鎮静化してしまう。簡単に言えば、新通貨への「通貨切替」で、当時十分でなかった金《きん》準備に代えて土地を担保とした不換紙幣を発行して、既存通貨と引き換えたのだ。

担保がハッキリしていること、既存のマルクとは違う新しい通貨であるということで人々の信認を獲得したレンテンマルクは、絶大な効果を発揮した。なんと、導入からわずか一ヵ月後のクリスマスにはインフレがピタリと収まり、店先に商品が並ぶようになったというのだ。この「レンテンマルクの奇跡」と言われた手腕によって、シャハトはその才能を広く認められるようになる。

しかしながら、これだけ劇的な効果を発揮した政策であるから、当然その負の影響も極めて大きなものとなった。ハイパーインフレ時にはあまり起きなかった倒産と、失業率の増加が一気に噴出したのだ。通貨の安定と引き換えに、社会の混乱はこの時、極限を迎えたのだ。

この時期の株式市場について、詳細な文献などが確認できていないが、多くの企業倒産があったことを考えると、株価への悪影響も小さくないものがあったと推察される。しかしながら、レンテンマルクによって物価の安定がもたらされ、さらに一九二四年八月には賠償金問題で「ドーズ案」が採択されたことで、投機熱は再び過熱した。

「ドーズ案」は、ドイツの賠償条件の緩和（支払期限延長、アメリカ資本の貸与など）とフランスのルール地方からの撤退が盛り込まれており、ドイツ経済の復興への期待が大きく高まった。本格的にアメリカ資本の投下が始まると、株式市場はますます活況を呈したのだ。

これからの日本における「株式投資の有用性」

ここまで第一次世界大戦後の混迷のドイツにおいて、株式が資産防衛策として大いに活用されてきたことを見てきた。敗戦、賠償金、ハイパーインフレ……すさまじい激動を経験したドイツにおいて、いかに財産を守るかは庶民から資産家まで共通の重大問題であった。

通貨価値が急激に下落する中で、人々はいかにお金を手放し、モノに代えるかに腐心《ふしん》した。ここまで見てきたように、その有望な手段として多くの人々が株式を買い求め、結果的に市場は投機相場で活気付き、取引価格はすさまじい勢いで上昇して行った。また株式以外でも、投機目的でのモノの買い占めも起きた。戦争の時はコツコツと公債を買っていた人ですら、資産価値を守るために使いもしないカーペットやピアノ、その他いずれ投機対象となり得るあらゆるモノを買い漁《あさ》ったというのだ。

ただ、こうした買い占めの大半はまったくもって無駄な対策となった。インフレが終息し、モノが潤沢《じゅんたく》に出回るようになれば、それらはガラクタとまでは言わずとも不要の品々になってしまう。仮に売り出しても、二束三文が関の山であった。

実は、ドイツのような国家破産や高インフレ時の資産防衛に有効な対策が何かは、おおよそ答えが出ている。私は長年国家破産の研究を行なってきたが、どの時代、どの国の有事でも大体どんなものが有用なのかは決まっているのだ。まず、確実に資産を防衛したいなら「国外の外貨建て資産」を、そして手元に持っておくべき現物資産としては「金《きん》」「外貨現金」が王道の資産だ。これに加えて、現物資産として保有すべきものが「ダイヤモンド」（ただし、ある種の条件を満たしていることが必須）、そして今回見てきた通り、インフレ対策を主眼とした資産として「国内の株式」が有効となる。

もちろん、株式であればどんな銘柄でもよいわけではない。ドイツの例でもおわかりの通り、激動期を乗り切れずに倒産する会社では意味がない。これからの時代に生き残る可能性が高い、優良な銘柄を保有することが何より重要である。そうした銘柄を見極めるには経験とノウハウが必要となるが、これは一朝一夕に身に付くものではない。平時から少しずつ経験を積み、鑑定眼を養って行くことが大切である。

率直に言って、私はすでに日本が第一次世界大戦後のドイツのような、「インフレによる株高」という危険なシナリオに乗り始めていると危惧《きぐ》している。二〇二二年以降、急速な円安が進んだが、これはアベノミクスの始動から野放図に積み上げてきた莫大な政府債務に要因がある。

コロナ禍以降、世界中でインフレが急進し、主要先進国で軒並み利上げへと舵を切る中、日本だけが利上げを行なって来なかったが、これは日本にインフレがきていないからではない。

すでに輸入価格の上昇によって、二〇二一年以降には一部食料品や日用品の値上げは進行してきた。政府・日銀は「確実なインフレと賃金上昇が確認できるまで慎重に様子見をする」という旨の説明を行なってきたが、率直に言ってこれは方便である。仮に利上げすれば、国債価格の下落による金融機関の財務悪化、利上げによる政府の利払い費の増加、日銀の債務超過リスクなど、様々なリスクが顕在化する。大幅にインフレが進む局面でもない限り、利上げは「できない」というのが本音なのだ。

結局、日本と他の先進国との金利差拡大は埋められないまま、円安が進行しているというのが現在の状況だ。そういう意味では、すでにインフレ（通貨の膨張）の影響が為替に出始めていると言える。

そして第一章でも触れた通り、通貨安の国には海外マネーが流入しやすい。日本もその例にもれず、円安によって日本株が海外投資家勢にとって割安となり、大量のマネー流入が株高を演出しているのだ。現在の日本企業が稼ぐ力を取り戻し、そのために株が買われている、という話ではないのだ。

これから先、日本でもインフレが定着し、利上げ局面を迎えると、市場心理もそれを本格的に織り込み始めるだろう。「期待インフレ率」の上昇がインフレをより根強いものにし、貯蓄から投資への流れが加速する時期が到来することとなる。こうなると、もはや末期的である。ちょっとしたアクシデントで日本の財政に赤信号が灯れば、高インフレが一気に猛威を振るうこととなるためだ。きっかけは、首都直下型地震や南海トラフ地震のような天災の可能性もあるし、あるいは台湾有事や朝鮮半島有事といった地政学リスクの場合もある。

ただ、いずれにしろ市場にこうした材料が出れば、日本円と日本国債は一気に売り浴びせに遭うことになる。いよいよ、国家破産という「地獄の門」がその扉を開くわけだ。

しかしこの時、日本の株式市場は（一時的な急落局面はあり得るものの）かつてのドイツのように大いに活況を呈するだろう。その様をただ指をくわえて見ているようでは、あなたの大切な資産はあっという間に紙キレになるかもしれない。そうならないためには、外貨建て・海外資産の保有と共に株式投資に今から習熟し、しっかりと備えを固めることが重要だ。

これからの生き残りにおいて、「株式」の活用は極めて重要な意味を持つと心得ておきたい。

第三章　株高の原因は「円の劣化」

実感なき株高――現在の株高の背景とそれが意味すること

バブル崩壊後、日本経済は「失われた三〇年」とも言われる長期停滞に陥った。モノが売れず、物価が下がり、企業収益は減り、賃金抑制で国民の所得も増えないからますますモノが売れなくなる、という悪循環であった。

ただ、「失われた三〇年」と言っても、政府の景気判断は三〇年間常に不景気だったわけではない。内閣府が判定する景気基準日付（景気の山・谷）によれば、バブル崩壊後、日本には五回の景気拡大局面（つまり、景気の谷から山への上昇局面）があった。

その当時、よく言われたのが「実感なき景気回復」という言葉だ。政府は巨額の経済対策を幾度となく実施し、日銀は金利をどんどん引き下げた。日銀は黒田総裁時代にはマイナス金利の導入、量的緩和の大幅拡大（国債の大量購入）という文字通り異次元の金融緩和策を実行した。

それでも、物価は上がらなかった。モノが売れるようになり、物価も賃金も上がり、ますますモノが売れるという好循環には程遠い状況であった。

そんな状況が、いよいよ変わり始めた。新型コロナの世界的感染拡大、ロシアによるウクライナ侵攻といった外的な要因をきっかけに、新型コロナ終息をにらんだ経済再開の動きも追い風になり、物価が上がり始めた。大企業を中心に多くの企業の業績が上向き、人手不足もあり、賃上げの動きも強まっている。

それを映すように、日本株がすさまじい勢いで上昇している。二〇二四年の年初、三万三〇〇〇円台だった日経平均株価は、同年二月には史上最高値を三四年振りに更新し、翌三月には四万円の大台に乗せ、わずか三ヵ月足らずで二割以上の上昇を見せた。

それにも関わらず、世間には高揚感のようなものがほとんど感じられない。それもそのはず、二〇二四年一～三月期の実質ＧＤＰはマイナス二・九％に沈んだ。景気実感が良いと感じる個人が多いはずがない。

個人消費低迷の主因は、やはり物価上昇だろう。確かに、名目の賃金は上がった。しかし、それ以上に物価が上がっている。厚労省が発表した二〇二四年五月の毎月勤労統計調査によると、物価の影響を加味した一人あたりの実質賃金は前年同月から一・四％減少し、二六ヵ月連続のマイナスとなった。

賃金上昇が、物価の伸びに追い付かない状態が続いている。日本の個人金融資産は半分以上を預貯金が占め、まとまった資金を株式に投資していない多くの日本人にとって、「株価は景気を映す鏡」などと言われても、現在の株高に実感など持てるはずがない。

実際、毎日新聞の世論調査では、日経平均株価の史上最高値更新を受け、景気が良くなっている実感があるか聞いたところ、「実感がある」と回答した人はわずか六％にとどまり、実に八七％の人が「実感はない」と回答している。

今は、かつての「実感なき景気回復」に「実感なき株高」が加わった形と言える。前述のように、景況感については勢いに欠けるから実感がないのも腑《ふ》に落ちる。それにしても、パッとしない景況感にも関わらず破竹の勢いで上昇する株価には、違和感を覚える読者も少なくないのではないか。そこで本章では、現在の株高の背景と、この株高が何を意味するのかについて掘り下げてみる。

上がるべくして上がった「日本株」

日経平均株価のチャート（一四〜一五ページ）を改めて眺めると、バブル崩壊後下げ続けた株価は二〇一二年秋頃を底にして反転、その後は上昇を続けているのが見て取れる。

当時、日本の政治は大きく動いた。同年一一月に野田首相（当時）が衆議院解散を発表、その後の選挙で自民党が与党に返り咲き、いわゆる「アベノミクス相場」が始まった。安倍氏は「三本の矢」と称する「大胆な金融政策」「機動的な財政政策」「民間投資を喚起する成長戦略」という三つの政策を掲げ、デフレからの脱却や本格的な経済成長を目指した。

「大胆な金融政策」を担うべく日銀総裁に登用された黒田氏は、「量的・質的金融緩和政策」と呼ばれる強力な金融緩和策を推し進めた。この緩和策は、「異次元緩和」「黒田バズーカ」とも呼ばれる空前のスケールとなった。「ようやく日本もデフレから脱却できる」――にわかに期待が高まり、黒田日銀による異次元緩和は円安と株高を強力にうながした。

アメリカの伝説的投資家の名言に「強気相場は悲観の中に生まれ、懐疑《かいぎ》の中で育ち、楽観の中で成熟し、陶酔の中で消えて行く」というものがあるが、日本株のようにまるで底が抜けたように下げ続けた相場が上昇相場に転じても、多くの人は相場を懐疑的に見るものだ。どうせ「デッド・キャット・バウンス」（死んだ猫でも高いところから落とせば弾むように、市場が大きく下げた後には一時的に小幅反発すること）に違いないというわけだ。

しかし、この時は違った。人々の「懐疑」の中、上昇相場は着実に育って行った。九〇〇〇円前後で低迷していた日経平均株価は、二〇一五年には二万円の大台を回復した。それでも、多くの人々の心はまだ「懐疑」の中にあった。翌二〇一六年には一万五〇〇〇円を割り込み、その後再び上昇するも、二〇二〇年にはコロナショックに伴う暴落に見舞われた。

投資家心理がおおむね「懐疑」から脱したのは、おそらくコロナショック後の上昇相場以降だろう。反騰《はんとう》が始まった二〇二〇年夏、アメリカの著名投資家ウォーレン・バフェット氏が経営する投資会社が、日本の五大商社株に投資したと発表した。この〝投資の神様〟の動きに、日本株はにわかに動意《どうい》付く。

日経平均株価は、一万六〇〇〇円台まで沈んだコロナショック時の安値から二万円、三万円、そして四万円と、あれよあれよという間に大台を突破して行った。バフェット氏による日本株買いは、世界経済の成長から取り残され、なかば見放されていた日本株の有望さ、割安さに世界中の投資家が気付かされる、大きなきっかけとなった。

ただ、バフェット氏による日本株投資が株高の〝呼び水〟になったのは間違いないが、仮にバフェット氏の日本株買いがなかったとしても、日本株への見直し買いは遅かれ早かれ起きていただろう。なにしろ、当時の日本の株式市場は、投資するには絶好の環境にあった。

第一に、コロナショックに伴う暴落も手伝い、株価水準が非常に割安であったこと。第二に、インフレに対応するため各国が利上げを進める中、日本だけが強力な金融緩和を進めたこと。第三に、他国との対照的な金融政策により、大幅な円安が進行したこと。株価上昇をうながす好材料が三拍子揃っていたわけで、結果論にはなるが、株価が上がらないはずがない環境であった。

その後も、次々に日本株への追い風が吹いた。二〇二三年春には、東京証券取引所による「ＰＢＲ改革」が動き出す。東証が上場企業に資本コストや株価を意識した経営をうながし、ＰＢＲ（株価純資産倍率）が一倍を下回る企業に改善策を要請したのだ。

ＰＢＲは、株価を一株あたり純資産で割って算出する。株価が上がればＰＢＲも上がる。しかし株価というのは、その企業の売り上げが増え、利益が伸びないと、そう簡単に上がるものではない。そこで、ＰＢＲを高める手っ取り早い方法として「分母減らし」に動く上場企業も少なくない。つまり、会社の純資産を減らしてしまうわけだ。

その具体的な方法に、配当や自社株買いを増やす「株主還元」がある。配当や自社株買いを増やすと純資産は減るので、株価が変わらなければPBRは上昇する。増配は単純にその株の魅力を高め、株価上昇をうながす。また、自社株買いも株価を押し上げる。市場に流通する株式が減ることで、一株あたりの利益が増えるからだ。これらの株主還元により株価が上がれば、PBRはさらに上昇する。

実は、日本企業はすでに株主還元を拡充してきた。ニッセイ基礎研究所のデータによると、二〇二二年度（二〇二三年三月期）の日本企業の配当金総額は一八・五兆円と、二〇一三年度の二・五倍に達する。自社株買い総額も九・三兆円と、同九年間で二・七倍に増加している。

さらに、二〇二四年には新NISA（少額投資非課税制度）がスタートした。従来のNISAと比べ投資枠が大幅に拡大され、非課税保有期間も無期限になるなど、使い勝手が大きく改善された。新NISA導入により、個人投資家の投資資金流入が日本株を押し上げた可能性も十分考えられる。

日本の株高、「今回は違う?」

これだけ好材料に囲まれれば日本株が上がるのも当然と言えるが、その上昇ペースはあまりにも急だ。日経平均株価は、本格的な上昇局面に入った二〇一二年一一月から二〇二四年三月末までで、約四・五倍になっている。「GAFAM」（グーグル・アップル・メタ・アマゾン・マイクロソフト）に代表される、大手テック銘柄により価格が大きく押し上げられたアメリカの代表的な株価指数である「S&P500」をも上回る上昇振りだ。

上昇相場が続くと決まって出てくるのが「相場は上がり過ぎ。バブルだ」という声だ。しかし、現在の日本の株高についてはそのような声は多数派ではない。バブル崩壊後、三つの過剰（雇用・債務・設備）に苦しんだ日本企業はそれらの解消に努め、ファンダメンタルズ（基礎的条件）は大幅に改善した。「現在の株高は日本企業の実力を反映したもので、バブルではない」と評価する専門家が目立つ。

株価の適正水準にあるかを判断する最も代表的な指標に「ＰＥＲ」（株価収益率）がある。ＰＥＲは、株価を一株あたり純利益で割って算出する。ある上場企業の一株あたり純利益が一〇〇円で株価が二〇〇〇円だったら、ＰＥＲは二〇倍となる。値が小さいほど割安、大きいほど割高と判断する。

ＰＥＲが厄介なのは、「何倍以下なら割安、何倍以上なら割高」という絶対基準がないことだ。ＰＥＲの適正値は業種や個別企業により異なり、成長力の高い業種や企業の方が高くなる。たとえば、「ＰＥＲが三〇倍」という株は一般的には割高と判断されることが多いが、成長力の高い株については三〇倍ならむしろ割安とされるケースも珍しくない。

株式市場全体の平均値としては、国際的には一四～一六倍、つまり一五倍前後が適正水準と言われる。ここで、バブル期以降の日経平均株価のＰＥＲを振り返ってみよう。一一八～一一九ページの図は日経平均株価の適正水準（ＰＥＲ一四～一六倍のレンジ）の推移と、実際の日経平均株価の推移を示したもの

と実際の日経平均株価の推移

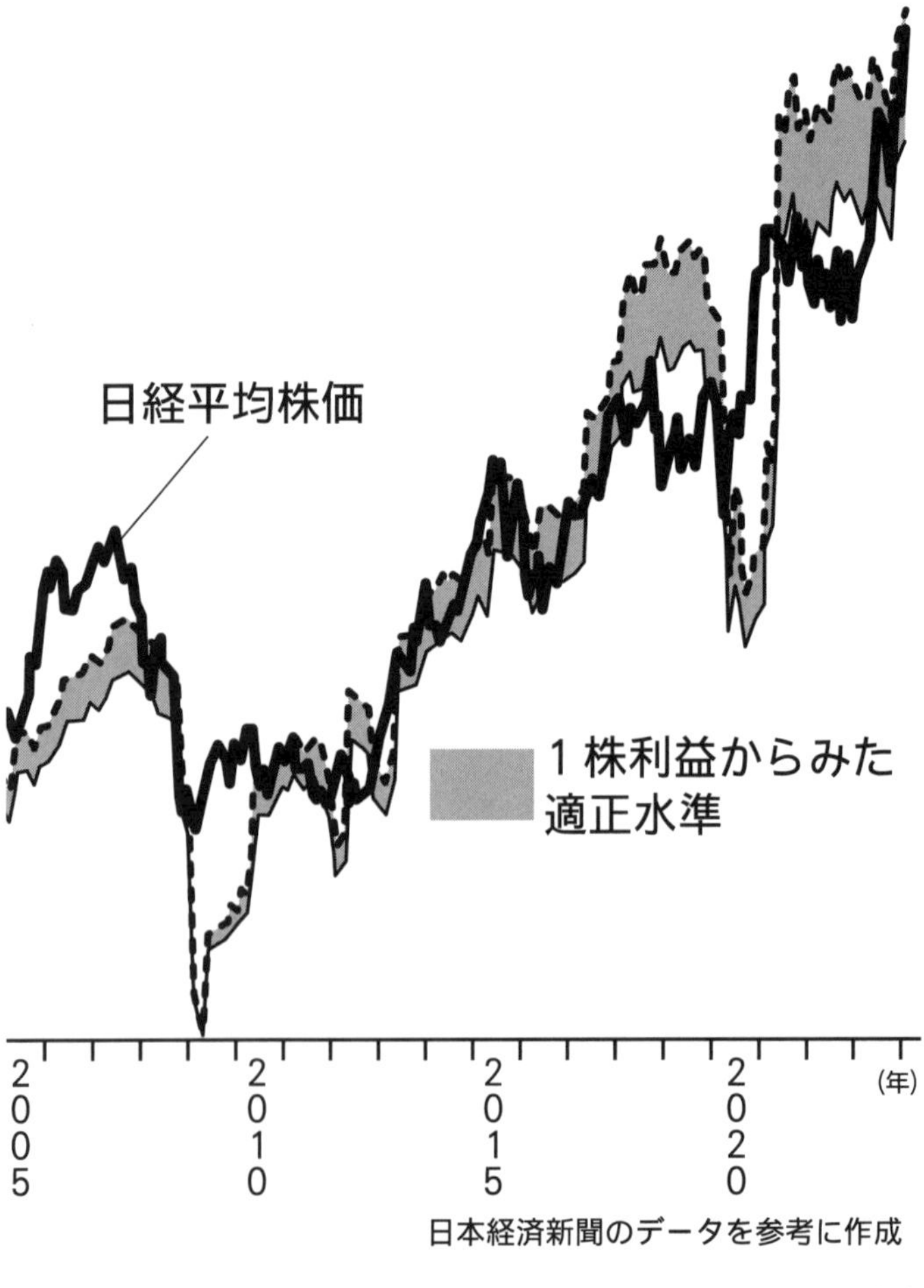

日本経済新聞のデータを参考に作成

日経平均株価の適正水準（PER14～16倍のレンジ）

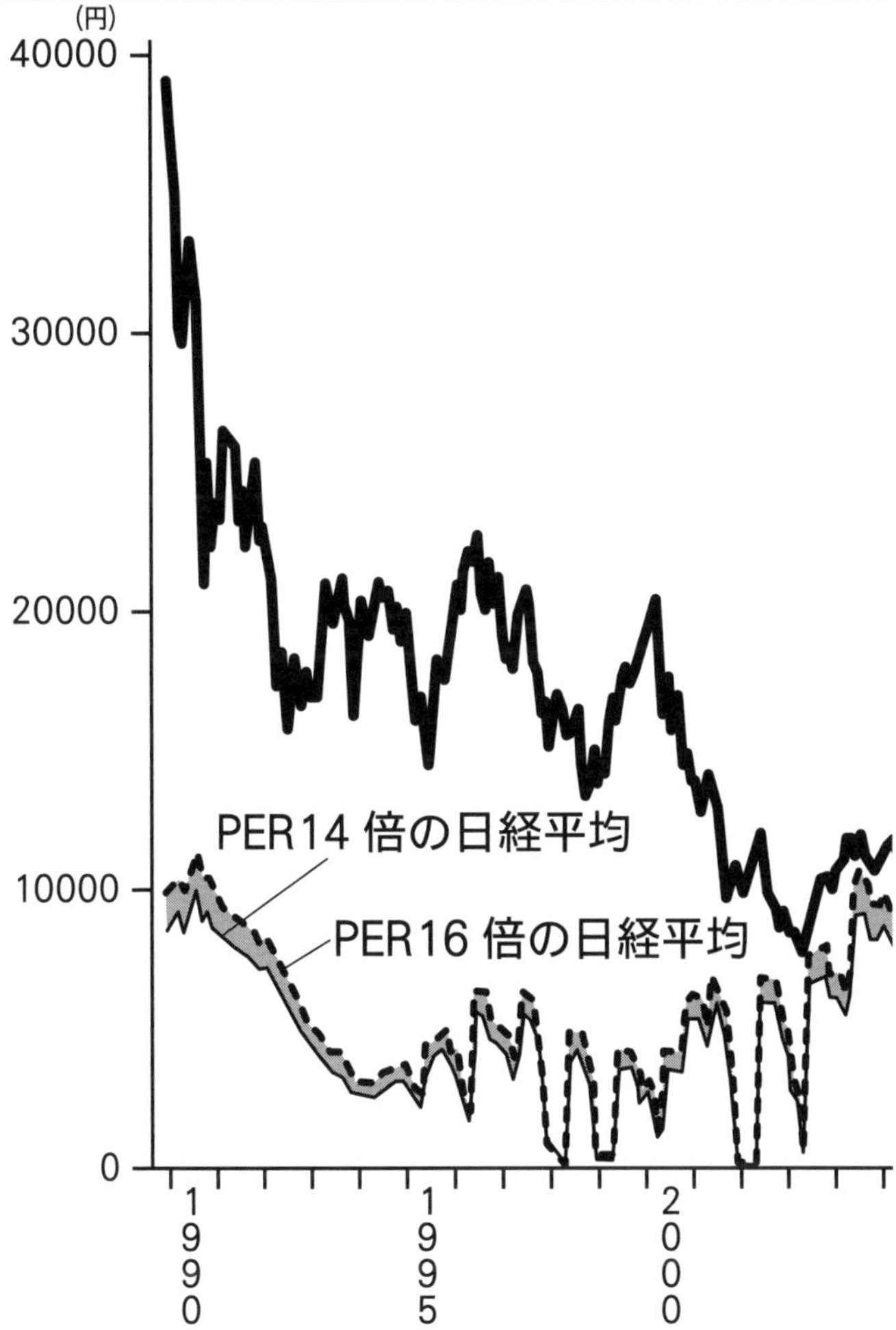

だ。日経平均株価が三万八九一五円の史上最高値を付けた一九八九年年末を見ると、ＰＥＲ一四～一六倍のレンジは一万円弱となっている。つまり、一九八九年年末時点の日経平均株価の適正水準は一万円弱であり、実際の株価はおよそ四倍も割高な状態にあったということだ。当時のＰＥＲは、約六〇倍であった。なぜ、ここまで極端に割高な水準まで株価は上昇したのだろうか？

今はすっかり使われなくなったが、当時もてはやされた株価指標に「Ｑレシオ」（実質株価純資産倍率）がある。株価を一株あたり実質純資産で割って算出するＰＢＲと似た指標だが、ＰＢＲが株価を簿価ベースの一株あたり純資産で割るのに対し、Ｑレシオは株価を時価ベースの一株あたり実質純資産で割る。純資産に含み益があればそれが計算に含まれるため、ＰＢＲよりも低い数字になる。バブル期は地価も上昇したため、不動産を保有する企業には大きな含み益が生じていた。たとえＰＥＲやＰＢＲが割高な数値を示していても、含み益を考慮したＱレシオは割安を示す。「保有資産の含み益の大きさを考慮すれば、現在の株価水準は割高ではない」という主張が幅を利《き》かせた。

Ｑレシオは時価ベースの実質的な評価という点では一見合理的にも思えるが、実際に土地や設備を正確に時価評価するのは決して簡単ではない。たとえば、時価一〇億円の不動産が売りに出されたとしても、相対で取引される性質上、誰も買い手が現れなければもはやその不動産の時価は一〇億円とは言えない。結局、バブル崩壊と共に含み益は吹き飛び、「Ｑレシオで見れば割安」という論法も崩壊、Ｑレシオは株価指標としてはほとんど使われなくなった。

似たようなことは、一九九〇年代後半から二〇〇〇年代初めにかけてのＩＴバブル期にも起きている。当時、脚光を浴びたのが「ＰＳＲ」（株価売上高倍率）という株価指標だ。株価を一株あたり売上高で割って算出する。創業間もないベンチャー企業などは、赤字であることが少なくない。利益が出なければ、ＰＥＲの算出はできない。そこで、ＰＥＲに代わる株価指標として登場したのがＰＳＲだ。売上高が多ければ、たとえ赤字であっても将来性が見込めるから、高い株価も正当化されるというわけだ。

しかし、言うまでもないが、企業というのは最終的には利益を上げなければ成り立たない。赤字が一時的なものであり、いずれ高い利益を上げられるならよいが、ＰＳＲでは万年赤字企業の高株価も正当化されてしまう。ＰＳＲも、ＩＴバブル崩壊と共に下火になったのは言うまでもない。

これらの例が示すように、株価の大幅上昇（バブル）時にはそれを正当化するような指標や論法が登場するものだ。

ともかくバブル期の日本株は、その名に違わずＰＥＲの面で超割高な状態にあったわけだ。この超割高状態の是正に、長い時間を要した。日経平均株価が三四年もの間、最高値を更新できなかったのはそのためだ。

再び一一八〜一一九ページの図を見てほしい。日経平均株価の適正水準（ＰＥＲ一四〜一六倍のレンジ）と、実際の日経平均株価の乖離がかなり小さくなったのが二〇〇〇年代前半、そして二〇一二年以降の上昇局面では、両者はほぼ連動して推移しているのがわかる。

これが意味するのは、一株あたり純利益が増加しそれに比例して株価が上昇しているということだ。この間、一株あたり純利益も日経平均株価も、約四倍になったわけだ。バブル期とは大違いで、ＰＥＲの面では企業の利益増加に見合う、いたって健全な株価上昇と言える。

もう一つ、株式の割安・割高を計るものさしとして有名なのが「イールドスプレッド」だ。債券同士の利回り差や株式と債券の利回りを比較することで、相対的な割安度・割高度を計る。株式と債券の場合は、長期金利と株式の益利回り（ＰＥＲの逆数）との差で示す。バブル期の長期金利は八％くらいあった。一方、日経平均株価のＰＥＲは六〇倍程度で益利回りは一・七％弱しかなかったから、バブル当時は日本国債が超割安で、日本株は超割高な状態であった。

では、現在はどうか？　二〇二四年四月時点の長期金利は、〇・八％程度だ。それに対して日経平均株価のＰＥＲは一六～一七倍で、益利回りは六％くらいだから、現在は日本国債が超割高で「債券バブル」とも言える状況だ。

ちなみに、二〇二四年四月現在のアメリカのイールドスプレッドは非常に小さい。長期金利が四・六％程度なのに対して、Ｓ＆Ｐ５００種株価指数の益利回りは五％程度だ。

このように、日本におけるバブル期と現在のイールドスプレッドを見ると、長期金利と益利回りの差が極端に開いている状態だ。ＦＲＢ（米連邦準備制度理事会）はかつて、Ｓ＆Ｐ５００種株価指数の益利回りが長期金利と等しくなる水準が株価のフェアバリュー（適正水準）だとする理論を提起した。この理論に基づき、日本の長期金利と益利回りが同水準になるとどうなるか？

これについて武者リサーチ代表の武者陵司氏は「市況―株探ニュース」上で、「日銀の超金融緩和政策が終わる時点で三％まで上昇したとしよう。となると、益回り三％、ＰＥＲ三三倍が妥当株価となる。このように考えれば、今の企業業績（ＥＰＳ）のままでも妥当株価は、日経平均株価八万円という水準が正当化されることになる。（中略）日本株式は糸の切れた凧のように大きく舞い上がる可能性があり得る。日経平均株価一〇万円は遠い将来の話ではなく、今そこにある現実なのかもしれない」（株探ニュース二〇二四年二月二六日付武者リサーチ「ストラテジーブレティン三五〇号」）と述べている。武者氏によれば日本株はまだまだ割安で、日経平均株価が二倍くらいになるまで上昇しても不思議ではないというわけだ。

ＰＥＲ三三倍というのは一般的には割高と言えるが、直近十数年のように一株あたり純利益も増加して行けば、株価が上昇してもＰＥＲが適正な水準にとどまる可能性も十分考えられる。

単にＰＥＲの面で見れば、日本株はバブル期の超割高状態の修正を終え、おおむねフェアバリューにある。つまり、割安ではない。しかし、債券対比で見れば、現在の日本株はなお〝超割安〟と言えることは確かだ。

日本の株高の主たる原因は「円の劣化」

述べたように、現在の日本の株高の要因として、新型コロナ後の経済再開や東証の「ＰＢＲ改革」による資本効率の向上、新ＮＩＳＡ導入などが挙げられることが多い。

ただ、株高の主たる要因を一つだけ挙げるなら円安（＝円の劣化）だ。一般に円安は、輸出企業にはプラス、輸入企業にはマイナスに働く。日本の輸出企業はバブル崩壊後の円高に対応するため、次第に生産拠点を海外に移すようになった。日本企業の海外生産比率は大幅に拡大し、その結果、円安が進んでも輸出数量は以前のようには増えず、輸出企業の円安メリットは低下して行った。

それでも全体で見れば、円安は今もなお日本企業の業績を押し上げる。野村證券の個別企業集計によれば、一ドルあたり一円円安が進んだ場合、二〇二二年度の国内企業の経常利益は東証株価指数ベースで〇・二五％押し上げられるという。また、大和証券が集計した主要上場二〇〇社を対象にしたデータでは、一ドルあたり一円円安が進んだ場合の経常利益は、〇・四三％押し上げられるとされる。単純に、円安は日本の上場株にプラスに働くと言える。

また、円安は輸入物価の上昇をもたらすから、国内経済にはインフレ圧力となる。実は、このインフレ自体が株価を上昇させる効果を持つ。

ごく大雑把な例を挙げて説明しよう。仮に、売上高が一〇〇億円、諸々のコストが八〇億円、純利益が二〇億円の企業があったとする。この企業の株価は、一〇〇〇円だったとしよう。物価が上昇した場合、値上げなどにより企業全体としては売上高が増加する。インフレにより物価が一〇%上がったとしよう。売上高は一一〇〇億円になるわけだ。もちろん、コストも同じように上昇し八八億円になる。その結果、差し引きの純利益は二二億円となる。純利益も、やはり一〇%増えるわけだ。発行株数が変わらなければ一株あたり純利益も一〇%増えるから、元々のＰＥＲが適正水準にあったなら当然株価も一〇%上昇し、一一〇〇円になって然るべきということになる。

このように、物価が上がればその分だけ株価も上がるというわけだ。しかし、これはあくまでも名目（見かけ）上の話だ。経営を取り巻く他の要因が変わらなければ、インフレ分を差し引いた実質ベースでは、物価上昇前と何も変わらない。インフレは、通貨価値の下落に他ならない。新型コロナ後の日本におけるインフレは、円安すなわち円の劣化を反映したものであり、それが現在の株高の最大の要因であると私は考えている。

実際、円建ての日経平均株価が大きく上昇しているのに対して、ドル建ての日経平均株価の上昇は非常に鈍い。一三〇ページの図は過去五年間（二〇一九年四月一九日～二〇二四年四月一九日）の円建て日経平均株価とドル建て日経平均株価の推移を比較したチャートだ。これを見ると、二〇二二年春頃から両者の値動きが大きく乖離し始め、円建てに比べたドル建て日経平均の上値の重さが見て取れる。

「ドル建て日経平均」は、私たちが日頃目にする「円建て日経平均」をドル／円相場で割って算出する。たとえば、円建て日経平均が三万円で為替レートが一ドル＝一〇〇円なら、ドル建て日経平均は三〇〇ドルになるわけだ。円建て日経平均が同じく三万円でも為替レートが一ドル＝一五〇円になれば、ドル建て日経平均は二〇〇ドルになる。

このように、為替が円安・ドル高に振れると、ドル建て日経平均に下押し圧力がかかるのだ。過去五年間の円建て日経平均は六六・五％上昇したが、為替については三九・二％円安・ドル高に振れた。その分、ドル建て日経平均の上値が抑えられている状況だ。

言うまでもないが、海外勢とりわけアメリカの投資家にとっては円建てではなく、ドル建て日経平均が重要になる。ハイペースで上昇を続ける日経平均株価もドル建てで見れば決して割高ではなく、まだまだ買えるという見方はできよう。しかし、一方で円安・ドル高が進めば、アメリカの投資家は為替差損を被る。せっかく日経平均（円建て）が大きく上昇しても、為替差損に食われてドルベースではそれほど儲からないというのが最近の状況だ。

前述のように、直近の五年は、円安・ドル高による為替差損よりも日経平均（円建て）の上昇の方が大きいから、ドルベースでも利益にはなる。しかし、それは結果論とも言える。株価の上昇よりも円の下落の方が大きければ、ドルベースで損失になる。実際、二〇二二年の年初から一〇月頃までを振り返ると、円建て日経平均が若干の下落にとどまる中、一一五円台から一四八円台へと大幅な円安が進んだため、ドル建て日経平均は大きく下落している。

現在の日本株上昇を牽引しているのは、主に〝外国人投資家〟と言われる。このような為替変動リスクがあるにも関わらず、なぜ彼ら外国人はこれほどま

円建て日経平均株価とドル建て日経平均株価の推移

(2019—2024年)

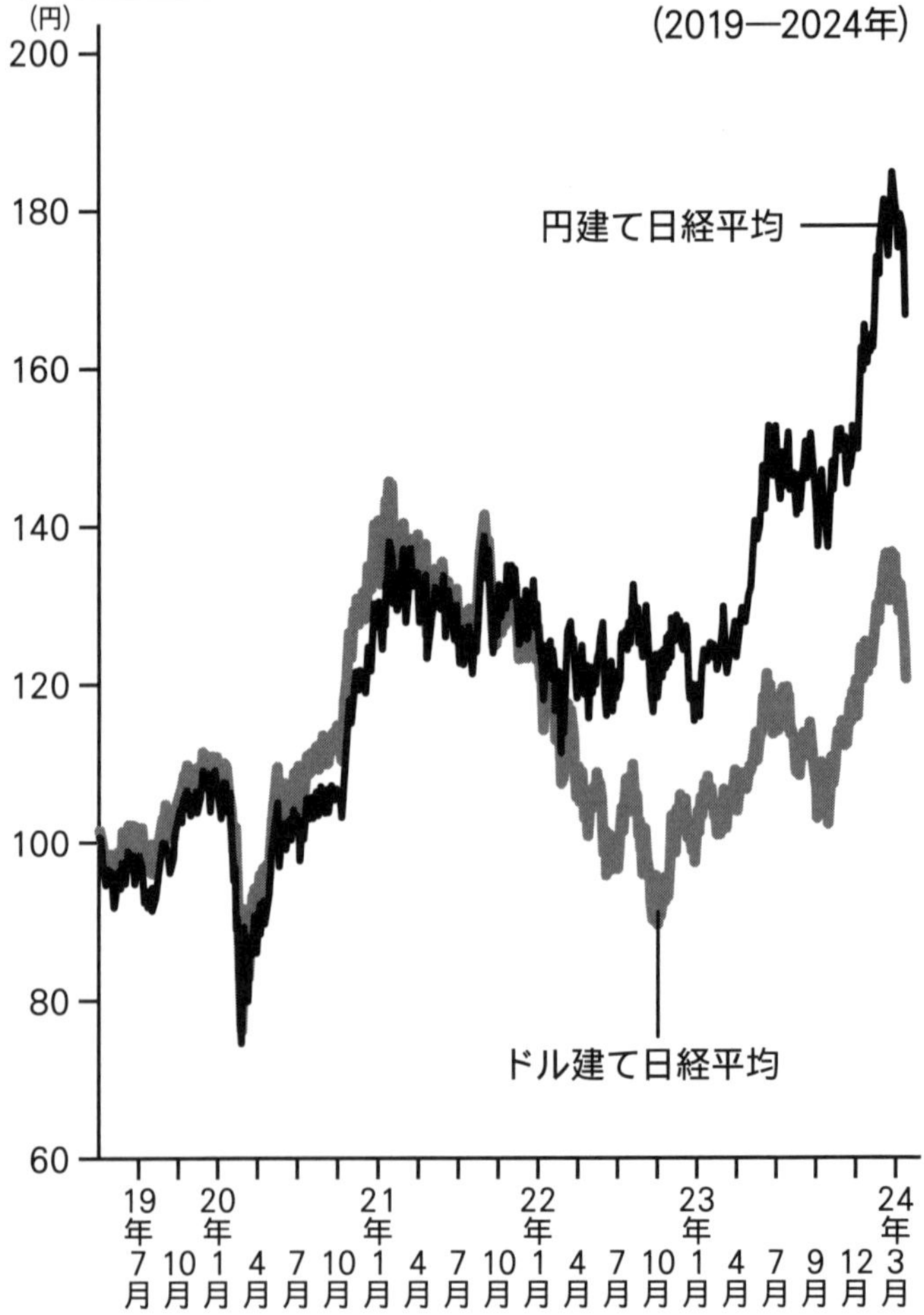

ドル／円相場の推移

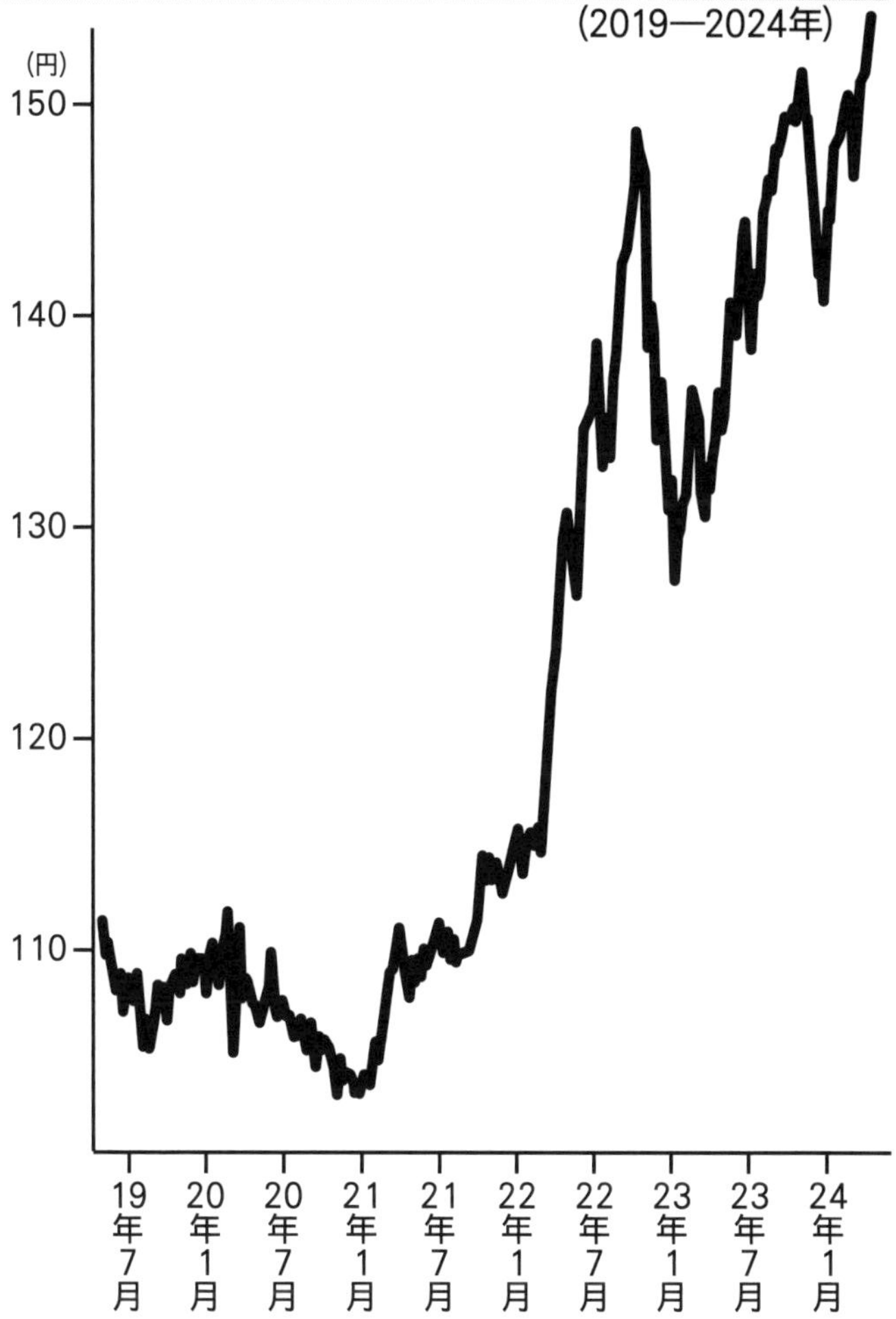
(2019—2024年)
(円)
150
140
130
120
110
19年7月
20年1月
20年7月
21年1月
21年7月
22年1月
22年7月
23年1月
23年7月
24年1月

でに日本株を買い進めるのだろうか？

実は、今の日本株に投資する外国人投資家にとって、この為替差損こそが儲けの種なのだ。どういうことか？　為替差損を回避するには〝為替ヘッジ〟を行なえばよい。外国人が日本株を買うということは、為替の面では円を買うことを意味する。投資時よりも円高になれば為替差益が得られるが、円安になれば為替差損を被る。そこで、日本株買い（つまり円買い）と併せて、円売り・ドル買いを行なう。すると、円安になった際、日本株買いによる為替差損を円売り・ドル買いによる為替差益が穴埋めしてくれる。これが、為替ヘッジだ。

要はリスクを回避するために保険をかけるわけだ。取引にはコストがかかる。保険をかけるのだから当然だ。これを「ヘッジコスト」と言い、その分リターンは削られる。

ところが、外国人投資家にとっては、為替ヘッジをかけると、コストでリターンが削られるどころか、逆にリターンを嵩《かさ》上げできる状況なのだ。日米の金利差があるためだ。長期金利（一〇年債利回り）で比較すると、二〇二四年四月現在、日本が〇・八％程度なのに対してアメリカは四・六％程度と、圧倒的な金利差がある。為替市場で金利の低い円を売り、金利の高いドルを買えば、金利差分の収益が得られる。こうして外国人投資家は、日本株高、円安のトレンドが強い状況下で利益を積み上げてきたのだ。

実質実効為替レートに見る円の劣化

長期的に見て、円の〝先安感〟は非常に強い。それはとりも直さず、円がかつての力を失いつつある、つまり円が劣化しているからだ。

海外旅行にでも行けば、円の弱さを嫌というほど思い知らされる。円で生活する日本人にとって、現地の物価は異常に高い。それはそうだ。一ドル＝一〇〇円の頃二〇万円だったパックツアーは、一ドル＝一五〇円になれば五割増しの三〇万円ということになる。さらに、現地の物価上昇もある。日本で一〇〇〇円ちょっとのごく普通のランチが、人気の観光地ハワイでは二十数ドルは下らない。つまり、三、四〇〇〇円だ。

こんなに高くてもハワイ旅行は大人気だ。全日空によると、二〇二四年のゴールデンウィーク中のハワイ便の予約数は、新型コロナ前の二〇一九年よりも二割多く、過去最多になったという。この程度の物価などビクともしない富裕層もいるだろうが、中にはパックご飯を持ち込んで外食を控えるなどして、節約に努める人もいるようだ。

もちろん、中にはとてもではないが海外旅行に出かける金銭的余裕はないという人もたくさんいるだろう。そのような人たちにとっても、日本でも新型コロナ後にすっかり定着したインフレが家計を圧迫し、以前よりもお金（円）の価値が下がっていることを感じているのではないか。

多くの人が体感しているように、いや、もしかしたらそれ以上に、円の価値は下がっている。それは「実質実効為替レート」にはっきりと現れている。特定の通貨（たとえば日本円）の価値が、世界の主要な外貨に対して高いか低いかを示す総合的な指数が実効為替レートであり、実効為替レートに相手国・地域の物価水準を加味して算出した指数が実質実効為替レートである。

実は、ドル／円相場など二国間の為替レートを見るだけでは、その通貨の総合的な実力はわからない。ドルに対しては円安であっても、他の通貨に対しては円高ということもあるからだ。実質実効為替レートを見れば、特定の通貨の総合的な実力がわかるのだ。

一三六～一三七ページの図は日本円の過去五〇年間（一九七三～二〇二三年）の実質実効為替レートの推移を示したグラフだ。グラフが示すように、円が強かったのは一九九五年頃までだ。一九九五年四月に付けた一九三・九七をピークに、下落基調に転じている。二〇二四年六月には六九・三六まで低下しており、これは記録のある一九七〇年以降で最安値だ。

一九七〇年当時、円の実質実効為替レートは七三～七五程度であった。一九七〇年といえば、一ドル＝三六〇円の固定相場の時代だ。物価だって、今よりはるかに安かった。現在の円の実質的価値は、そんな五〇年以上も昔よりも低いということになる。日本人の多くはまだ自覚していないが、円はこれほどま

の推移（1973〜2023年）

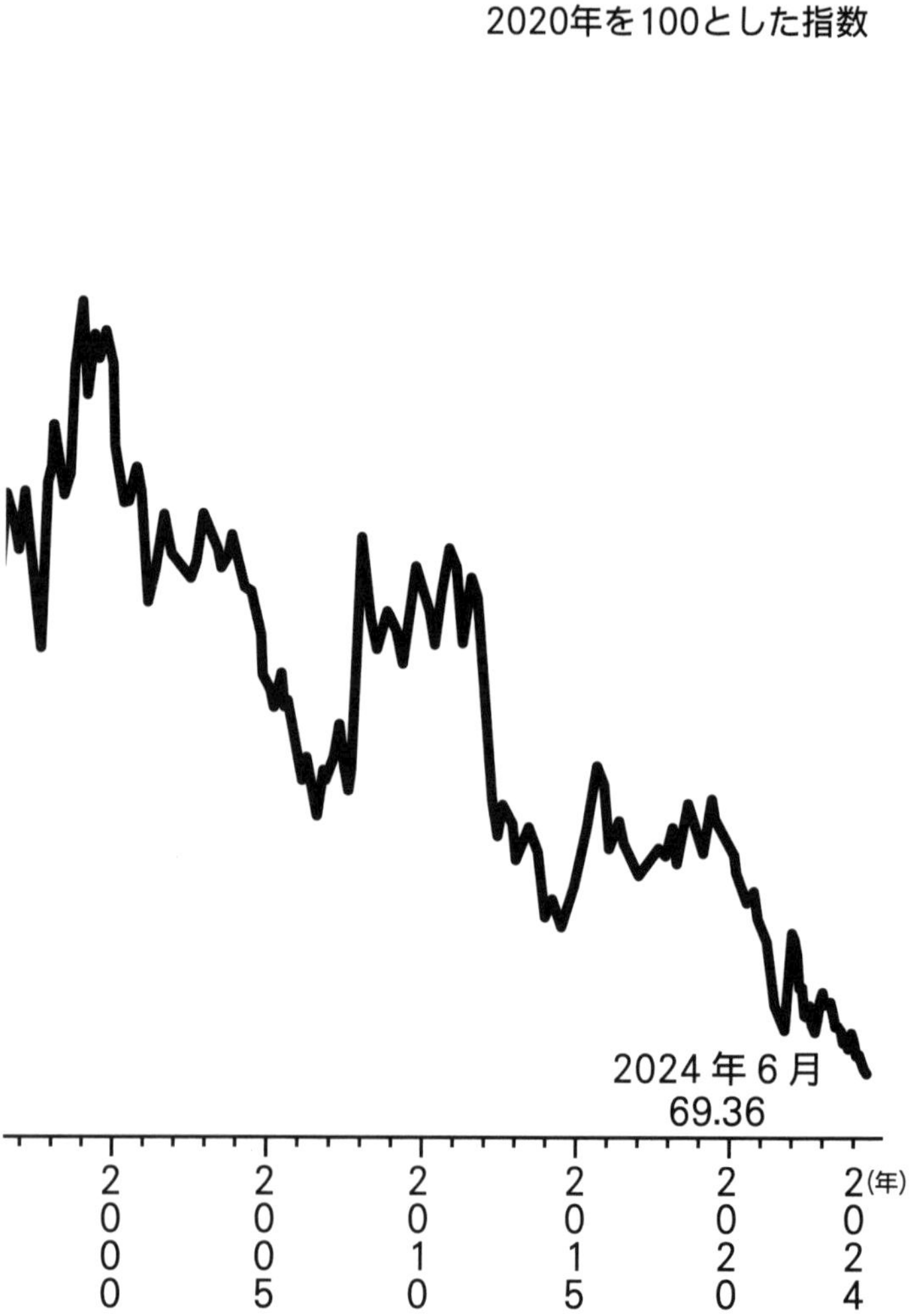

日本銀行のデータを基に作成

円の実質実効為替レート

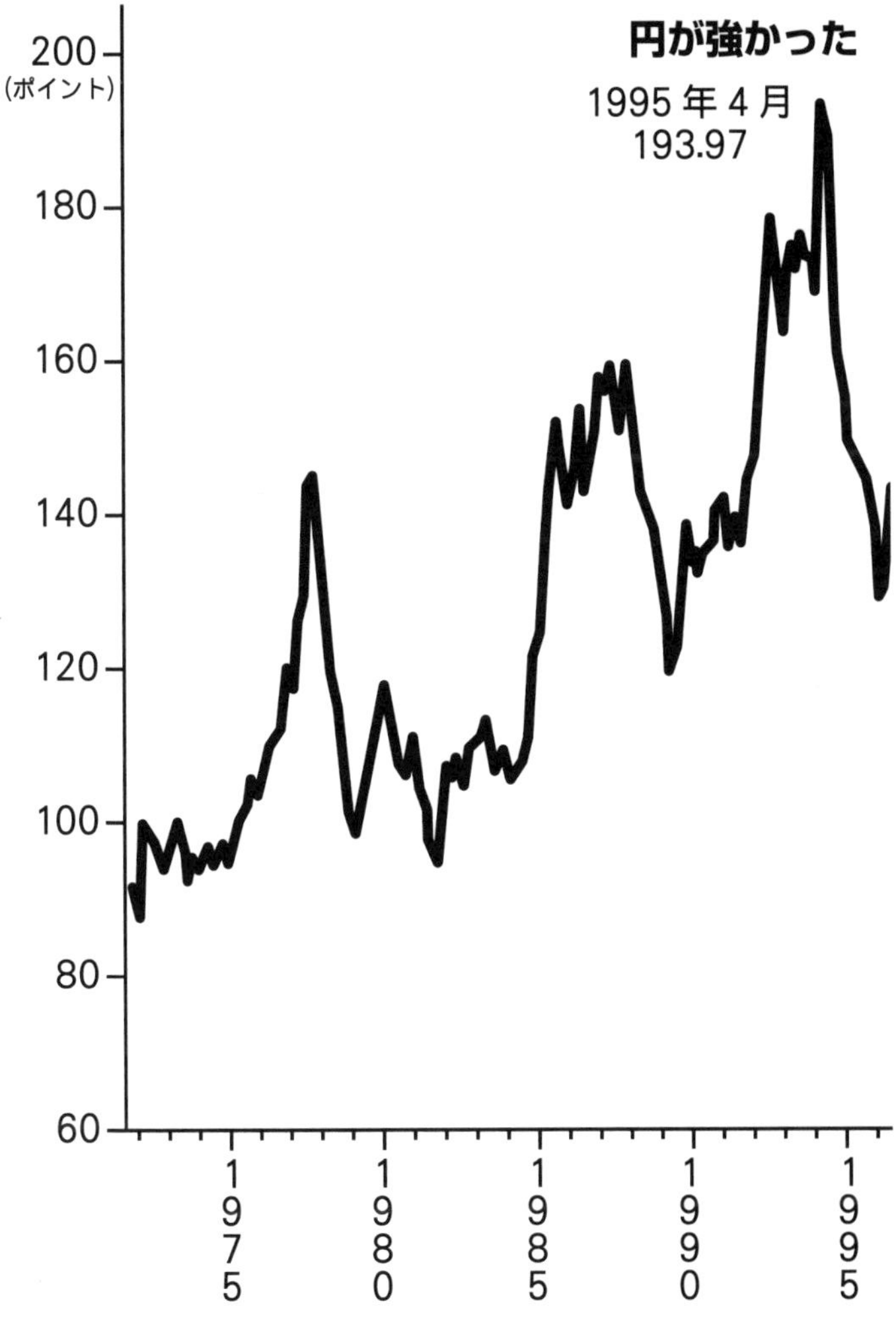

でに凋落《ちょうらく》しているのだ。

円の劣化と株高は今後も続く

もはや、再建不可能と言わざるを得ないほど破滅的な財政状態にある日本では、今後ますます円の価値は劣化し、〝国の借用証書〟に他ならない日本国債の価値も、大幅な下落が避けられないだろう。

その一方で、株価は上がる。経済が好調な国の株ならいざ知らず、破産するような国の株が上がるのは何とも不思議に思えるかもしれないが、それが歴史が示す事実だ。

第一章でも見てきたが、最近の例でもアルゼンチンやトルコといった国家破産してハイパーインフレに見舞われた国の株価が大きく上昇している。一三九ページの図は、アルゼンチンの株価指数である「アルゼンチンメルバル指数」の過去五年間のチャートだ。まるで、世界を代表する超優良成長株のチャート

アルゼンチンメルバル指数の推移（過去5年）

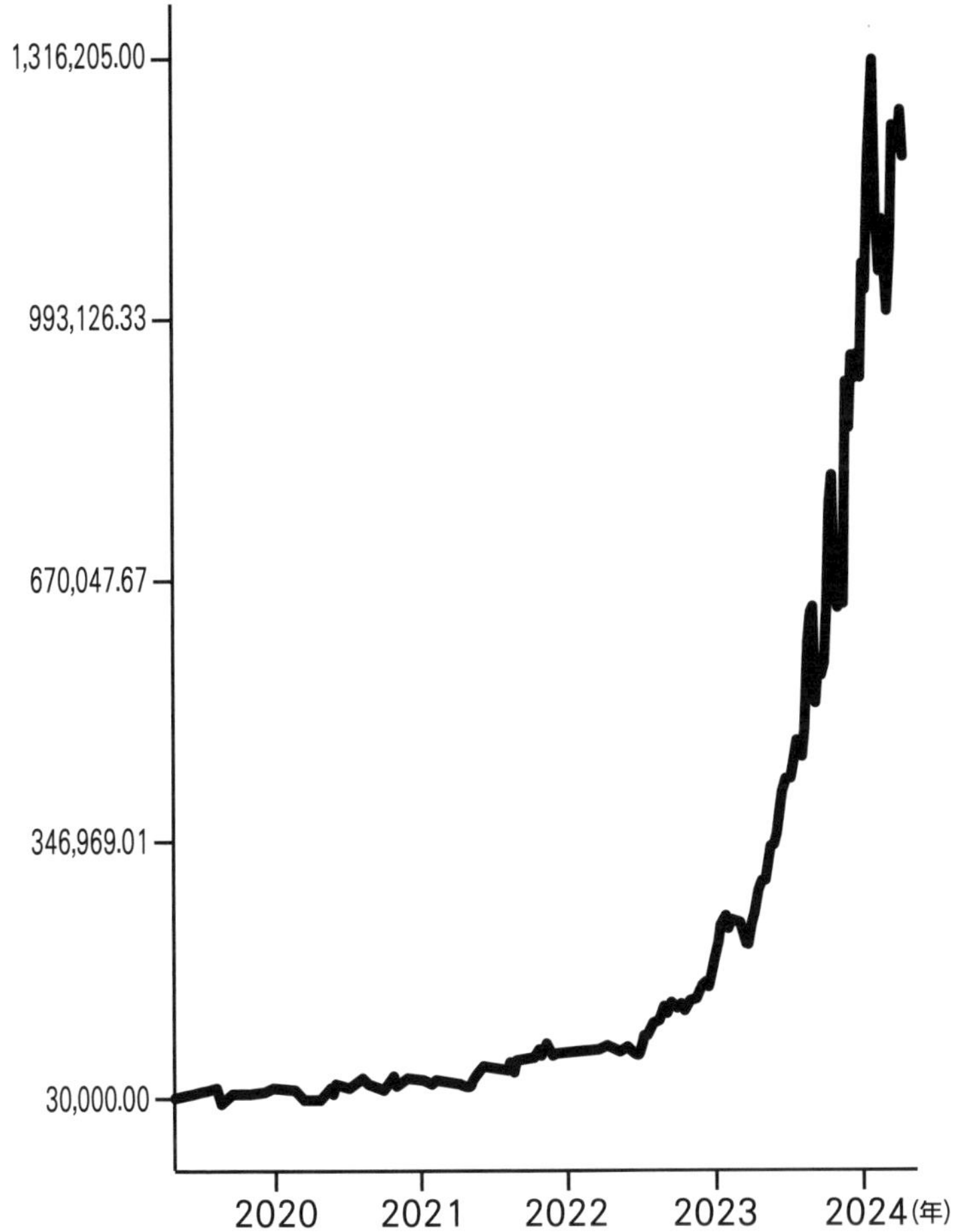

ブルームバーグのデータを基に作成

と見紛うほど見事な右肩上がりだ。

同指数は二〇一九年四月の三万ペソから、二〇二四年四月には一二〇万ペソ前後まで上昇している。五年で四〇倍になっているわけで、年率リターンは約一一〇%、つまり一年で二倍強に上昇し続けるペースで株高が進んだことになる。もちろん、アルゼンチンの株高はアルゼンチンの通貨ペソの劣化、すなわち国家破産の賜物だ。アルゼンチン・ペソは、二〇一九年四月の一ドル＝四〇ペソ台から二〇二四年四月の八〇〇ペソ台へと、この五年間で約二〇分の一に下落している。

いくらハイパーインフレで株価が上がっても、結局インフレ率には追い付かず、実質リターンはマイナスになるのではと思われるかもしれないが、アルゼンチンにしてもトルコにしても、この間、株価はインフレ率を上回るペースで上昇している。

国家破産が不可避の日本においても、株高が続く可能性が高い。しかしその真の原因は円の劣化にあり、現在の株高はまさに国家破産の前兆と言えるのだ。

第四章　株で資産防衛は可能か

「資産防衛」とは何か

まずは、〝資産防衛〟とは何を意味するのかを考えてみたい。

たとえば、今から一二〇年ほど前の明治時代に、一〇万円の資産があったとする。それを子へ、孫へと相続して行き、今の時代において手元に渋沢栄一の一万円札が一〇枚あれば、果たして資産防衛が達成できたと評価してよいのだろうか。資産は額面上としては同じだが、おそらく九割の人が「達成できていない」と答えるだろう。

当たり前のことだが、明治時代と今とではお金の価値がまったく異なる。野村ホールディングスと日本経済新聞社が運営する「Ｍａｎ＠ｂｏｗ（まなぼう）」では、そのホームページ上で明治時代の一円の価値についてコラムで紹介している。それによると、明治三八年（一九〇五年）に銀座・木村屋總本店の「あんぱん」が一個一銭（〇・〇一円）で売られていた。木村屋總本店は、いま

資産防衛とは何か？

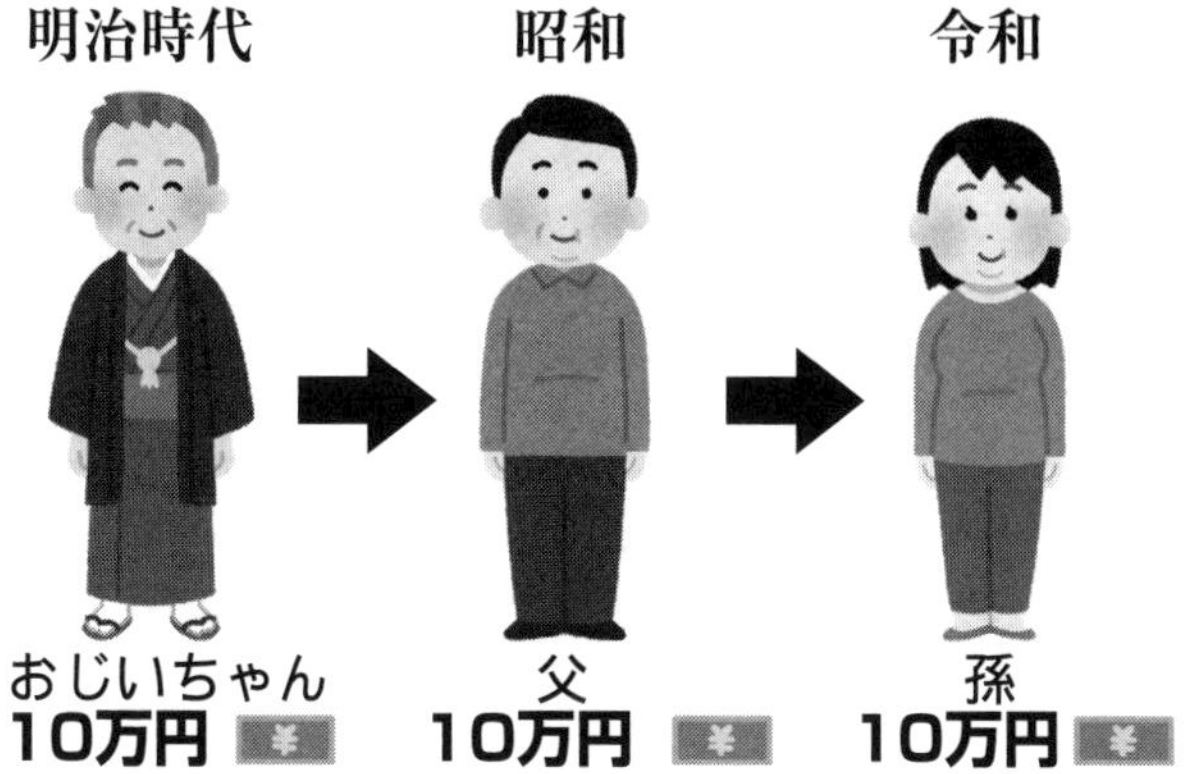

これは、資産防衛になっていない。なぜなら、明治時代の10万円は、今の価値にすると20億円になっているためだ。

資産防衛とは

今ある資産を、なるべくその価値を落とさずに将来に亘って引き継いで行くこと。

や誰もが知るあんぱん専門店に成長しており、現在では一個二二〇円ほどであんぱんが売られている。

他の物価を確認すると、明治時代の同じ頃、うどん・そばが〇・〇二円、カレーライスが〇・〇五～〇・〇七円、小学校の教員や警察官の初任給が月八～九円ほどであった。この明治時代の価格を総合して考えると、今から一二〇年ほど前の明治時代の一円は、現在の二万円ほどの価値を持っていたことがわかる。つまり、明治時代に一〇万円の資産を保有していたということは、今の価値で二〇億円を保有する超富裕層だったわけだ。それなのに、それを受け継いだ子孫が今の一万円札を一〇枚取り出して、「（額面が同じだから）資産防衛はきちんとできた」というのは、荒唐無稽《こうとうむけい》な話なのである。

今、令和から明治へ五つもの元号を遡《さかのぼ》ってみたが、それより半分程度の年数でも同じことが生じる。今から六〇年前、東京オリンピックが開催された一九六四年の大卒の初任給は約二万円であった。初任給という一つの基準だけで比べるのは多少強引かもしれないが、少なくともこの時の一円は現在の一円よりもかなり大きな価値を持っていることがわかる。

では、なぜこのような違いが生じるかと言えば、インフレでモノの値段が上がったからである。逆に見ると、お金の価値が落ちたのだ。

だから、資産防衛を考えた際、単に額面だけでとらえてもまったく意味がない。重要なポイントは、モノの値段を踏まえた上で今ある資産を、なるべくその価値を落とさずに将来に亘って引き継いで行くことだ。それが、〝きちんとした〟資産防衛なのである。

通貨は等しく〝紙キレ〟になる

先ほどインフレの話をしたが、世界全体を眺めるとインフレが常態（通常の状態）である。特に数十年という長い期間では、通貨の価値は著しく落ちている可能性が高い。インフレの逆は「デフレ」である。デフレはモノの値段が下がって行くことで、逆から見るとお金の価値が高まる現象である。

日本はバブル崩壊後、一九九〇年代後半以降に十数年に亘ってデフレを経験した。ちょうどマクドナルドのハンバーガーが五九円の最安値を付けたり、吉野家の牛丼がこちらも最安値の二五〇円を付けていた頃である。このような長期間のデフレを味わったことにより、私たち日本人は感覚が麻痺しているかもしれないが、世界はインフレが当たり前であり、常態なのである。

それを如実に現すチャートがある。取り上げるのは、少し変わった金《きん》のチャートである。通常の金《きん》のチャートは、金《きん》価格の動きを表示するものである。円建てあるいはドル建てで、金《きん》価格がいくらになっているかを現すものだ。直近では金《きん》価格は、対円、対ドル共に上昇しているので「右肩上がり」のチャートになる。それに対して、今回ご紹介する少し変わった金《きん》のチャートは、リヒテンシュタインにある金《きん》に特化した独立系の資産管理会社 Incrementum 社が二〇二四年三月に出したレポートに掲載されていたものである。そのチャートは一九七一年八月にドルと円、その他の通貨をそれぞれ対金《きん》で一〇〇％の価値とした時、その価値がどのように推移して行くのかを描いている。すると、これまでの右肩上がりの金《きん》のチャートとは逆で、ドルと円の価値が右肩下がりに推移している（一四八〜一四九ページ参照）。

これでドルの推移を確認すると、一九七一年八月に対金《きん》で一〇〇％の価値からスタートしたドルは、途中横ばいになる時期はあるものの、ほぼ一貫して価値を落としている。そして、二〇二四年三月時点でドルの価値は一・六二％となり、一九七一年八月のスタート時と比べてマイナス九八・三八％と、そのほとんどの価値を金《きん》に対して落としているのである。

次に、円を結果だけ見ると、一九七一年八月に一〇〇％でスタートし二〇二四年三月にはわずか三・七〇％の価値になっている。なんと、マイナス九六・三〇％の大暴落である。

ドルと円だけでなく、他にもユーロやポンド、スイスフランを確認しておくと、同じ期間でユーロはマイナス九八・一八％、ポンドはマイナス九九・一六％、スイスフランはマイナス九二・六六％と、軒並み価値を大きく落としている。先進国の通貨はしっかりと推移するイメージがあるが、五三年という長

金《きん》対通貨のチャート

(1971年8月～2024年3月)

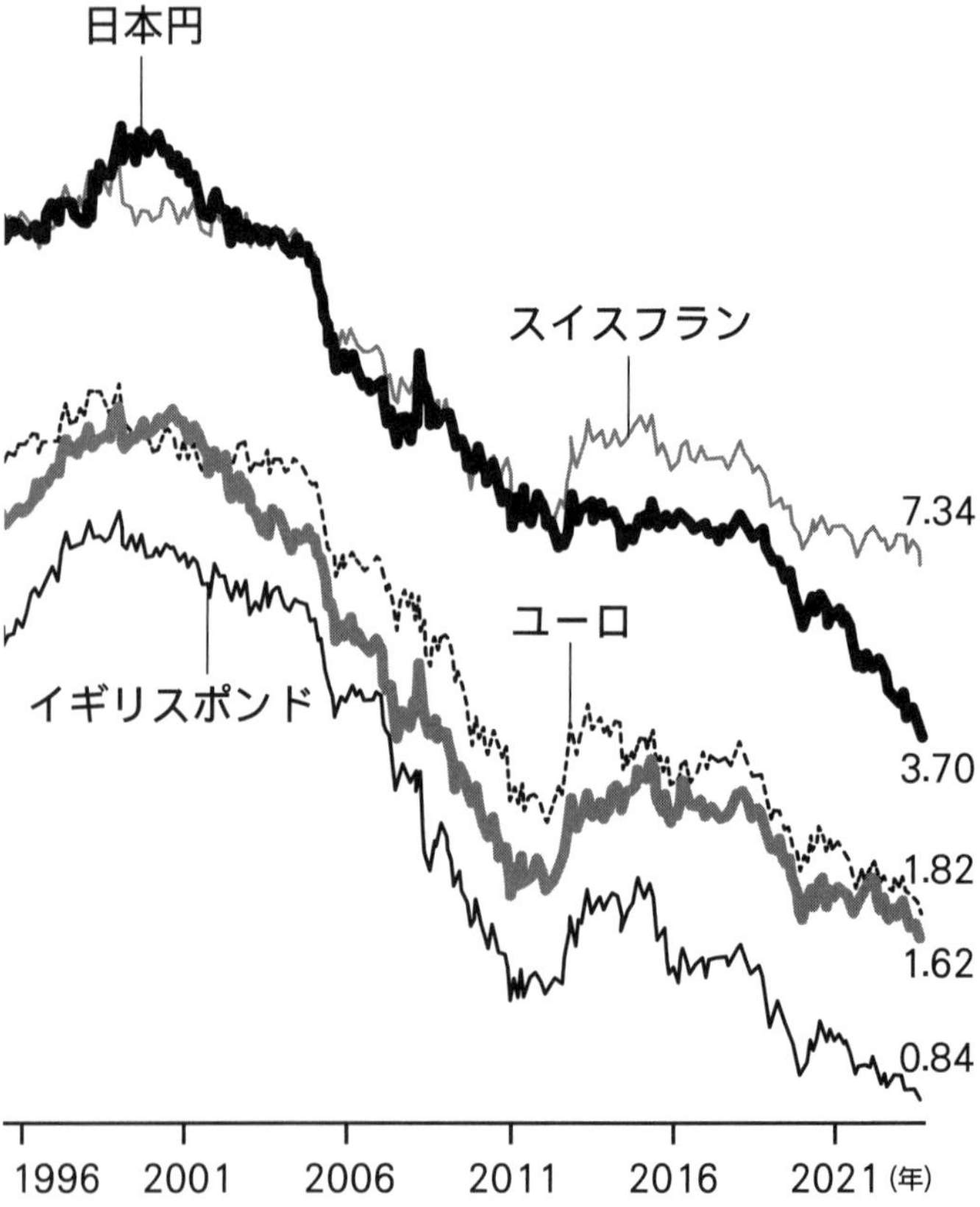

Incrementum社の

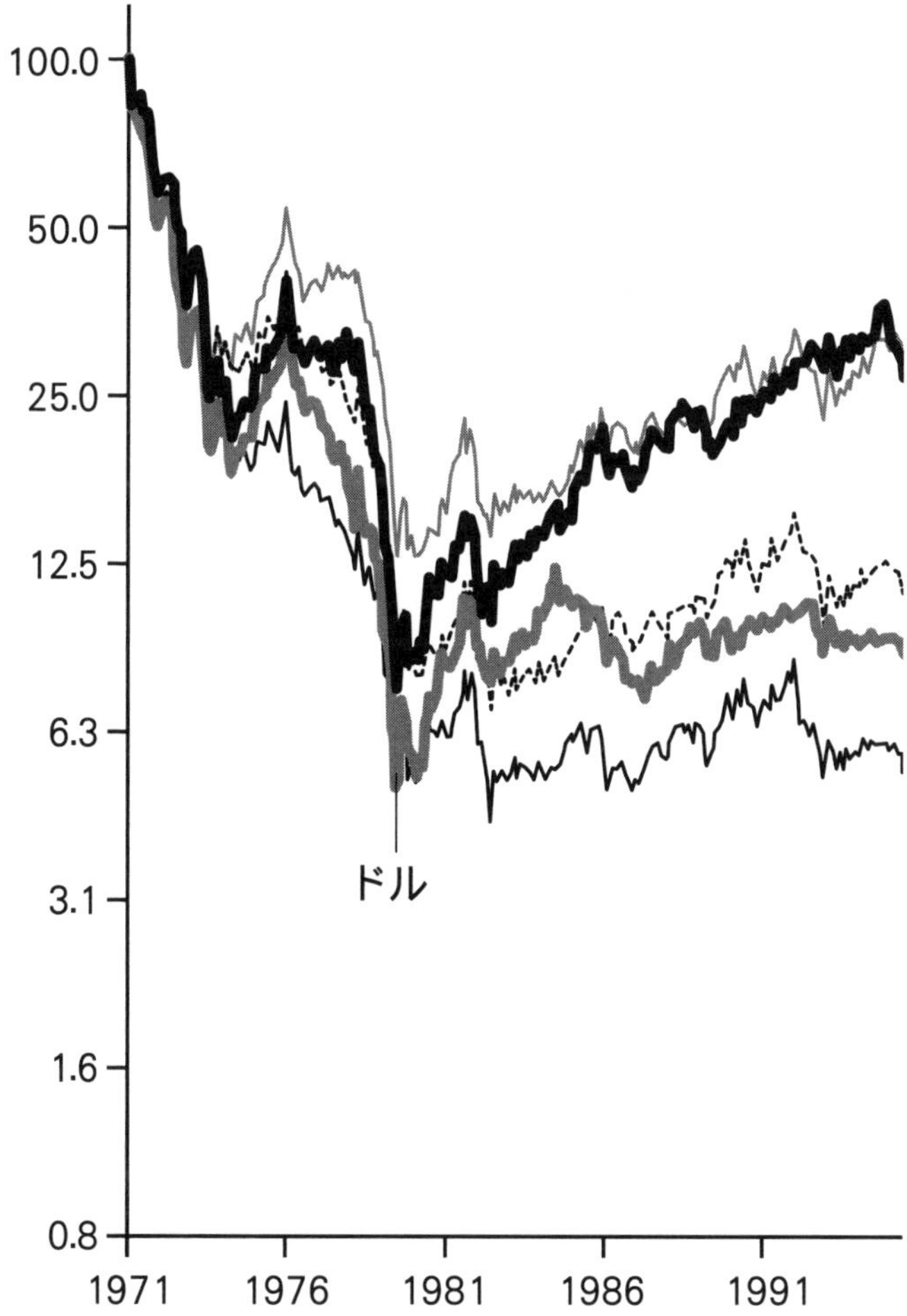

期間で見るとどの通貨も見事に価値がなくなっており、残念ながらスタート時から一割以上、価値を留めた通貨の姿はない。

そして、この事象を単純にこれまで金《きん》が強過ぎただけと片付けるのではなく、その背後にある定説とは異なる通貨の本質をしっかり認識してほしい。

これまでの教科書的な説明では、通貨には三つの機能が備わっているとされている。それは①決済手段、②価値尺度《しゃくど》、③価値保蔵《ほぞう》の三つである。確かに①②はその通りである。しかし、③価値保蔵については今回の対金《きん》のチャートから認識を改めた方が良さそうだ。一年、二年、あるいは数年の短い期間であれば価値保蔵はできているように見える。ところが、長い期間で見た時に実際には通貨はきちんと価値保蔵ができていないのである。

もちろん、額面一〇万円の通貨は何年経っても額面一〇万円のまま変わらない。しかし、明治時代の一〇万円と今の一〇万円とでは明らかに価値が異なるように、きちんと価値を保蔵していることにはならないのである。長い年月が経てば、通貨の価値は著しく低下するのである。

では、なぜ通貨の価値が著しく低下するのか。それは、どの通貨も制限なく発行できるからだ。各国とも、中央銀行がきちんと管理していると言いながら、自由勝手にお札を刷っているのである。刷れば刷るほど通貨は発行数が多くなるわけで、価値がどんどん下がって行くのは当然のことなのだ。だから世界全体で見ると、常にインフレ（通貨安）が進行しているわけで、今回のチャートはそれを証明しているのである。

資産防衛の王道は「株式投資」

通貨が安くなって行く、つまりインフレの中で紙幣を大量に抱え込んで資産防衛しようとするのは、〝愚《ぐ》の骨頂《こっちょう》〟である。日本でも二〇二二年以降インフレ率が二％を超えており、現在インフレの真っ只中である。だから、最近どんどんモノの値段が上がっているのを、すでに実感しているのではないだろうか。

それは同時にその分、通貨の価値がどんどん減っているということなので、よくよく注意してほしい。そして、この状況が世界では常態なのである。

前述の通り、日本は長期に亘りデフレを経験していたから、なんとなくまた元の状態に戻るのではないかと勘違いしてしまいそうになる。しかし、それは何の根拠もない〝ただの願望〟で、世界の常識にならえば元に戻らず、このままインフレが定着する方が可能性は高い。このような時に資産を紙幣で持っていると、資産防衛にはならない。

そして、日本の場合は銀行預金でもまったく同じことになる。現在、銀行で円預金をしても金利はほぼゼロ％だから、そのまま紙幣で持っているのと何ら変わらないのである。もちろん、すぐ使うことができるようにある程度の金額を手元に紙幣でおいたり、銀行預金に入れておいたりすることは必要なことだ。ただし、資産防衛にはならないので、必要最小限とすることを心がけたい。

このような〝インフレ時における資産防衛の王道〟は、「株式投資」である。極めて単純に考えると、会社自体が主に社屋（不動産）と商品（売りモノやサービス）というモノで構成されているわけで、インフレでモノの価値が上昇すれば会社というモノの価値も上昇する。だから、長い時間軸でとらえて世界でインフレが続く中で株もそれに連動するように上昇するのである。事実、米国株の代表的な指数である「S&P500」のチャートは、年数を経るごとに最高値を更新し続けてきている。

先ほどの金《きん》のチャートで見た、一九七一年八月〜二〇二四年三月までの期間でS&P500を確認してみよう。一九七一年八月末のS&P500の価格は、九九・〇三ポイントであった。それが二〇二四年三月末で、五二五四・三五ポイントと五三倍になっている。ドルはその間、マイナス九八・三八%と価値を大きく落として一・六二%になっていたわけだが、それに先ほどの五三をかけると「一・六二%×五三」で八六%になる。

つまり、ドル紙幣で持っていれば五三年の間に対金《きん》で大きく価値を落としたわけだが、米国株のS&P500にしておけば対金《きん》で八六%まで価値を保つことができたのである。しかも、実際にS&P500の銘柄に投資を行なえば相応の配当が付くわけで、その配当を考慮すると対金《きん》で価値を落とすことなく資

1971年8月〜のチャート

米国株「S&P500」の

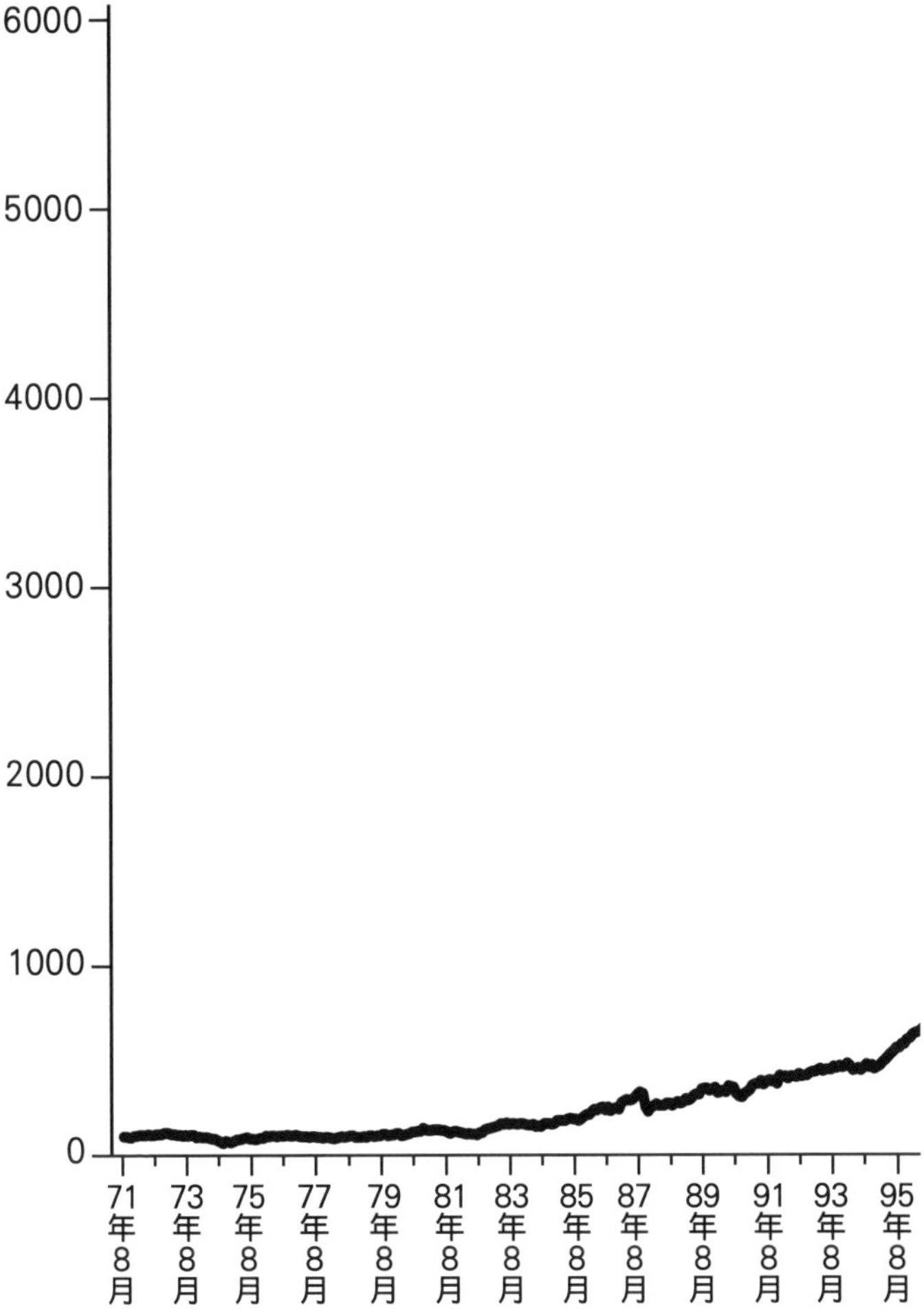
6000
5000
4000
3000
2000
1000
0
71年8月
73年8月
75年8月
77年8月
79年8月
81年8月
83年8月
85年8月
87年8月
89年8月
91年8月
93年8月
95年8月

産防衛ができたのである。

一方、日本ではあいにくバブル崩壊後に経済がデフレ状態に陥り、日経平均株価は低迷してしまっている。ただ、その日本株も経済がデフレからインフレへと転換したこともあり、最近になってようやく日経平均株価が最高値を更新している。長い目で見ると、インフレによりモノの値段が上昇することと同じく、株式が上昇することも当たり前のことなのである。

もっとも、蛇足ながら、株も紙幣のように勝手に刷り始めると価値を維持することはできないことを付け加えておこう。

老後は「二〇〇〇万円」ではなく「一億円」足りない

今から五年ほど前の二〇一九年に、「老後二〇〇〇万円問題」が話題になった。金融庁の金融審議会「市場ワーキング・グループ」により、老後に二〇〇〇万円足りないと試算が出されて物議を醸した、例の問題である。

当時の麻生副総理兼金融担当大臣は、「世間に対して不安や誤解を与えており、政府のスタンスと違う」とし、自身の直下《ちょっか》から上がってきた調査結果にも関わらず正式な報告書を受け取らずに、問題をうやむやにした。

あれから年数が経ち、ほとんどの日本国民が忘れかけた今となって、その問題が形を変えて巷《ちまた》で騒がれだしている。「老後、四〇〇〇万円足りない」と。

なんと、知らないうちに足りない金額が二倍に増えたわけだが、その背景には昨今の円安、そしてインフレがある。そしてこの円安、インフレが続けば、恐ろしいことに老後に足りない金額がさらに増えるのだ。

注目すべきはそのスピードで、かなりのハイペースで増加している。二〇一九年に試算されたものが二〇二四年の今で二倍になったわけだから、五年で二倍になったように見える。ただ、よく考えてみると本格的に円安、そしてインフレが始まったのは二〇二二年のことだ。すると、三年で足りない金額が二倍になったわけで、このペースが続けばこれから三年後には「八〇〇〇万円」、もうあと数年すれば「一億円」足りないという話になっても不思議はない。

老後にいくら必要かという調査は、アメリカでは民間会社が行なっている。そして、二〇二四年四月二日に金融コンサルティング会社のノースウェスタン・ミューチュアル社が出したレポートは、衝撃の内容であった。

同社の調査によると、アメリカ人が快適に退職生活を過ごすには、なんと一四六万ドル（約二・二億円）必要だというのである。しかも、同じ調査で二〇二〇年のデータでは必要額が九五万ドル（当時の為替で約一億円）だったから、この四年でドル評価で五〇％以上、円評価では二倍以上に膨れ上がったことになる。アメリカは日本よりも高インフレだから仕方がないのだろうが、このあまりの金額と増加幅には、やはり驚きである。

アメリカでは、かなりハードルは高いものの、個人はこの金額に向けて株式投資で資産形成や資産防衛を一生懸命に図っている。それに対して日本では、まだ株式投資に対して敬遠する動きが見られる。よく、日本人は金融リテラシー（お金に関する知識や判断力）が低いと言われているが、それは日本人が極端に損失回避に動いていることが大きな要因かもしれない。

ここに、金融広報中央委員会が二〇二二年春に一八〜七九歳の個人三万人を対象に質問した興味深い結果がある。質問の内容は、「一〇万円を投資すると、半々の確率で『①二万円の値上がり益』か『②一万円の値下がり損』のいずれかが発生するとします。あなたならどうしますか」というものである。

個人の考え方によって答えは異なるように見えるが、数学の世界ではこの質問に対する明確な解答が存在する。それは、中学二年生頃に出てくる簡単な確率統計の「期待値」という考え方である。

この質問で、確率が半々だから①②とも確率は五〇%ずつである。そして、①は二万円得られるから「二万円×五〇%」でプラス一万円。次に②は一万円損するから「マイナス一万円×五〇%」でマイナス〇・五万円となる。①と②を足すと確率は合計で一〇〇%となり、「一万円−〇・五万円」はプラス〇・五万円で、これがこの質問の期待値となる。

期待値がプラスなので、数学的にはこの投資は間違いなく行なった方がよいのである。一〇万円に対してプラス〇・五万円が期待できるので、期待収益率五％の投資案件である。しかも、万が一、それを外した時の損失は投資元本一〇万円に対してマイナス一万円だからマイナス一〇％で、それほど極端に多いわけではない。多少個人の考え方によってわかれたとしても、〝投資する〟を選択する人が多くなるはずの質問である。

ところが、結果は〝投資する〟が二五・九％と少数派で、残りの七四・二％の圧倒的多数が〝投資しない〟を選んでいたのである。

日本人には、損失が出る投資を極端に嫌う傾向が見られる。これは、一九九〇年のバブル崩壊後、長きに亘り日経平均株価が低迷したことに対するトラウマなのか。はたまた、一九九〇年代後半から投資をしなくても紙幣で持っているだけで資産防衛ができていた、長いデフレ時代を経験したためなのか。それとも、日本人が元々持っている〝保守的な性格〟のためなのか。あるいは、その三拍子とも揃って要因なのか。

しかし、損を嫌って株などにまったく投資せず、現金や預金だけにしておく方が、長期で見るとかえって資産を減らしてしまう可能性が高いのである。多くの日本人は、このマインドチェンジをぜひ行なってほしい。そして、資産防衛の王道である「株式投資」を、積極的に取り組んでいただきたい。

国家破産は株にとって〝大チャンス〟

株式投資を行なっていると、時々、信じられないほどの大暴落を経験したりする。直近で大きな下落を経験したのは、二〇二〇年二月〜三月のコロナショックで、この時は一ヵ月強で日経平均株価はマイナス三〇％ほどと、かなりの下落を見せた。また、二〇一一年三月一一日に起きた東日本大震災では、福島第一原発の水素爆発後に、週明けのわずか二営業日で日経平均株価はマイナス一六％もの瞬間的に大きな下落を見せている。そして、忘れてはいけないのは、二〇〇八年の金融危機だ。この時の下落幅は、一ヵ月半ほどでマイナス四〇％を超える大暴落を記録している。いずれも、直近二〇年以内に起きた出来事である。

ここが株の厄介なところで、長く持てば持つほどインフレに対する資産防衛になるのと同時に、たびたび起こる大きなトラブルに巻き込まれる可能性も高くなるのだ。この強みと弱みを兼ね備えた株の特徴は、将来も変わらない。それどころか、今の株高が国家破産の前兆であるわけで、するとまもなく阿《あ》鼻《び》叫《きょう》喚《かん》の国家破産の本番が、時をおかずにやって来ようとしているのである。

このようなのっぴきならない状態において、株での資産防衛は果たして可能かどうか。結論から先に申し上げると、十分可能であると考えられる。むしろ、国家破産は株にとって大チャンスである可能性が高い。ただし、これにはステージを二つにわけて考える必要がある。

まず一つ目のステージは、現在のような国家破産の前兆として株が上昇している状態である。国家破産の前兆とは、ずばり「インフレ」と「通貨安」である。これまで国家破産に陥った国の中で、事前にハイパーインフレ（極端な通貨安）を経験しなかった事例は存在しない。インフレを経由した上で、国家破産の本番がやってくるのである。

近年に起こった「大暴落」

年月	事件	下落率
2008年	金融危機	▲40%以上
2001年3月	東日本大震災	▲16%
2020年2月―3月	コロナショック	▲30%

国家破産の前兆がインフレだから、その時は株高になる可能性が極めて高い。第二章の第一次世界大戦前後のドイツでも、インフレ時に株が上昇し、国民は景気が良くなったと勘違いしたくらいである。この一つ目のステージでは、何も考えずに単に株で保有していれば自然と資産防衛が成り立つのである。

次のステージは、国家破産の本番、一番厳しい時期についてだ。この時期は大混乱しているため、証券取引所が閉鎖され株の取引が一時的に停止されるなどの極端な事態に陥ったりすることも起こり得る。たとえ市場が開いていても、株は大暴落しているため株での資産防衛にはかなり難しい局面である。

そのような時にはどうすればよいのか。まず考えられるのは、じっと耐えることだ。国家破産時に株が大暴落したとしても、または取引が停止されたとしてもそれらは一時的な現象であり、株が再び動き出し、脚光を浴びて上昇する時がくるのである。特に暴落時は、一旦落ち着けば今度は急上昇する可能性を秘めている。

実際、一九九八年に国家破産に見舞われたロシア株がそうであった。ロシア

ロシアRTS指数

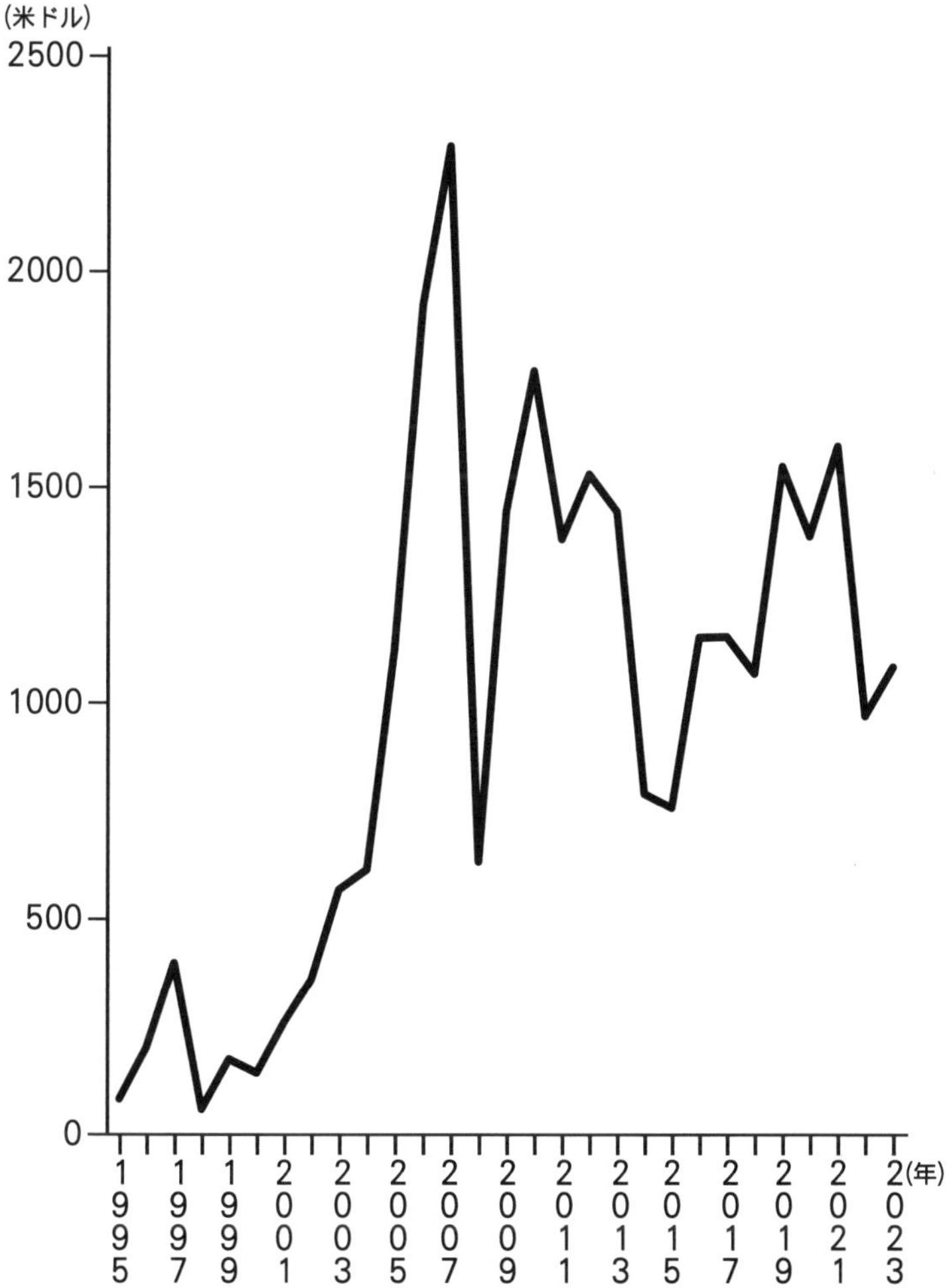
(米ドル)
2500
2000
1500
1000
500
0
1995
1997
1999
2001
2003
2005
2007
2009
2011
2013
2015
2017
2019
2021
2023
(年)

株のＲＴＳ指数は、一九九五年九月一日から一〇〇で始まった指数である。モスクワ取引所がドル建てで算出し、Ｓ＆Ｐダウ・ジョーンズ・インデックスが公表している。このＲＴＳ指数の対前年増減率を拾って行くと、開始してから三年後の一九九八年にマイナス八五・二％と、息も絶え絶えなほどの傷を負った株式市場の姿が目に付く。ロシアの国家破産に伴い、致命的な暴落を経験したのである。国家破産の破壊力は、やはりすさまじいものがある。

しかし、その後の回復がまた見事であった。翌年一九九九年はプラス一九七・四％と、なんと三倍ほどにもなったのである。さすがに暴落幅が大き過ぎたため、その時点ではまだ一九九七年末の値には届いていない。ただ、その後も順調に上昇し、二〇〇二年末にはほぼ元通りになり、二〇〇三年以降は大きく上昇を続けたのである。ちょうどその頃は「ＢＲＩＣｓ」と呼ばれ、世界中がロシアを含めた新興国に注目した時で資金が流入し、一種のバブルが形成されたのである。

このように、大暴落を経験しても底なし沼のようにそのまま株は落ち続けるのではなく、徐々に回復する可能性が高い。特に、瞬間的に暴落したものは急ピッチである程度回復することが多い。だから、そのような大暴落に巻き込まれた時には、じっと耐えるのが正解なのである。そして、より賢いやり方は、その株の特徴を活かして大きく落ち込んだ時に、余剰金《よじょう》でめいっぱい株を購入するのだ。大暴落の後には急回復することが多いわけで、先ほどのロシアのRTS指数の例では、一九九八年末に株を購入すればわずか一年で三倍ほどになったのである。これが、国家破産をチャンスに変える方法である。

株の長いサイクルの中で、この究極の方法を実践している強者《つわもの》が存在する。それは、投資の神様の異名を取るウォーレン・バフェット氏率いるバークシャー・ハサウェイ社である。

二〇二四年八月初旬に各メディアは、「バークシャー・ハサウェイ社の二〇二四年六月末の現金保有高（現金および短期投資分の合計額）が二七六九億ドル（約四一・五兆円）に達し、手元の現金水準が過去最高を更新した」と一斉に報道した。この報道だけを見ると、バークシャー・ハサウェイ社が目先の危機を予見していて、それに備えたポジションを取っているように感じるかもしれない。

確かに、そのとらえ方も間違ってはいないだろう。ただバークシャー・ハサウェイ社は、これまでも現金保有残高を常に多く保有してきている。その推移を見ると、右肩上がりで残高が大きくなっているのがわかる。そして、その残高を時折減らしているのは、なんと危機が起きた時である。

直近では二〇二二年のロシアによるウクライナ侵攻の時に現金を減らしており、その年にバフェット氏が日本の商社株を買い漁ったことが後ほどわかった。これにより日本株が海外で注目され、日経平均株価はどんどん上昇している。

そして注目すべきは、二〇〇八〜〇九年の時期で現金部分を大きく減らして株を購入していることだ。二〇〇八年一〇月一六日の金融危機真っ只中の日に、バフェット氏は「Buy American. I Am.」とニューヨークタイムズ誌に掲載した。あれだけの危機が起き、株が大暴落して誰もが株に恐怖を抱いていた時、バフェット氏は、「米国株を買おう。私は買っている」と呼びかけたのである。

そして、実際にバークシャー社の現金保有残高は大きく減り、その分確かに

バークシャー・ハサウェイ社の現金残高の推移

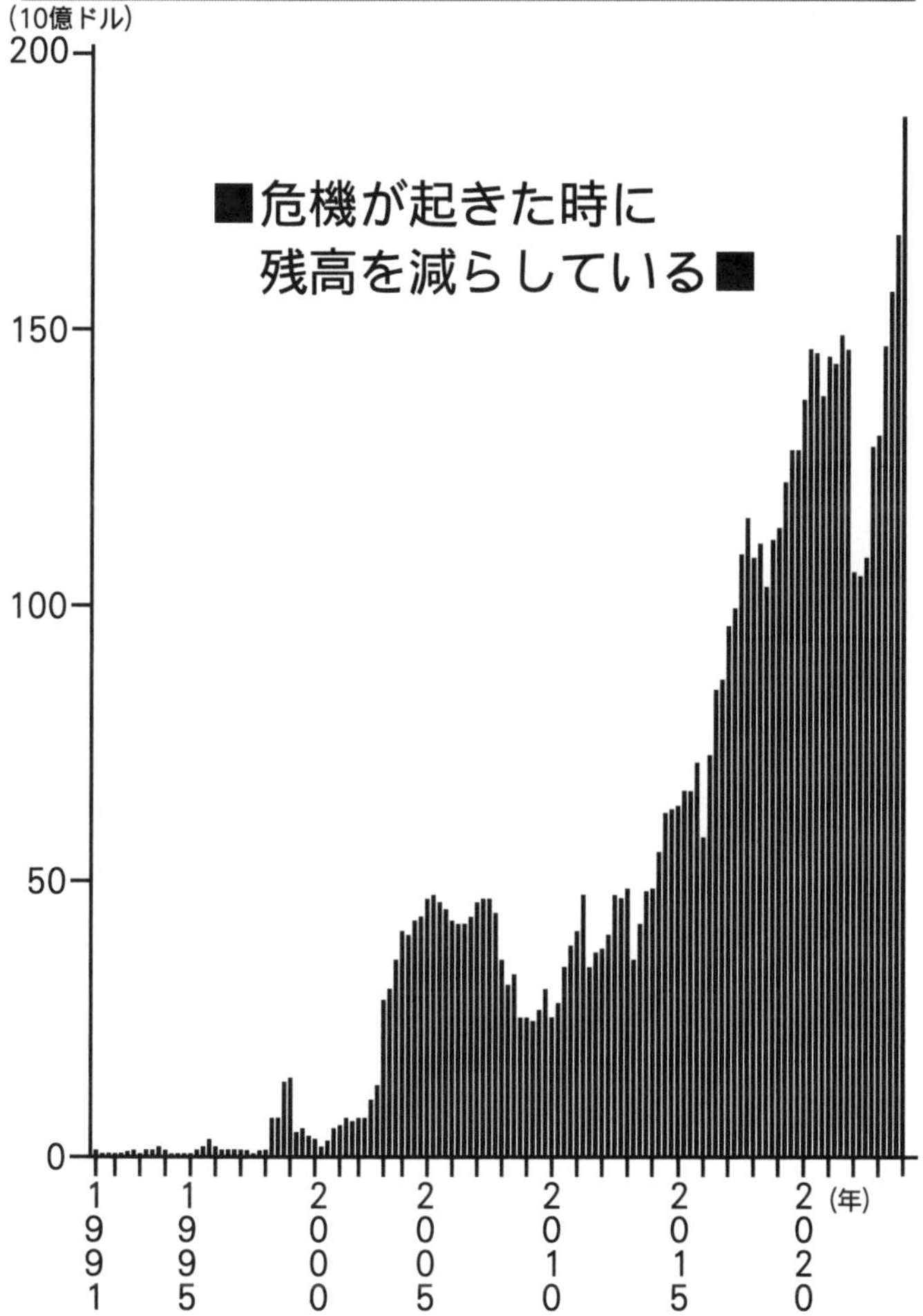

フィナンシャルタイムズのデータを基に作成

株を購入していたのである。その後、株の回復と共にバフェット氏は莫大な利益を得たわけだが、数年後にはバークシャー社の現金保有残高は金融危機前の水準に戻している。

二〇〇八年の金融危機の時、バークシャー社が購入した銘柄の一つにゴールドマンサックス社が挙げられる。バフェット氏はゴールドマンサックス社の株を購入する際、「ゴールドマンを信頼している。そして米政府が適切な対応を取ると信じている」とコメントしている。ここでの重要なポイントは、潰れない会社であると確信して投資をしているということである。当時は大パニックの状態で、どの金融機関が潰れてもおかしくないと言われる中でバフェット氏は、将来残る会社をしっかり見極めていたのである。

これは、国家破産時にチャンスを掴むコツである。ただ、いざそのようなパニックに巻き込まれた時には、どの会社が本当に潰れないのかを見極めることは困難であろう。もし、そのようにわからないのであれば、「指数への投資」を選択するのが無難である。日本株であれば「日経平均株価」や「ＴＯＰＩＸ」、米国株であれば「Ｓ＆Ｐ５００」や「ニューヨークダウ」など、それらに連動する「ＥＴＦ」（上場投資信託）へ投資を行なうのだ。指数であれば、何があってもゼロになることは考えられない。ゼロにさえならなければ、次に回復する際にはしっかり値上がりが期待できるのである。

暴落は大チャンス‼　国家破産で大儲けしよう

基本的に、株で資産防衛は可能である。というよりも、資産防衛を行なうのであれば株が最適解《さいてきかい》である。そして、これは今のような国家破産の前兆の時、または真っ只中の混乱時にも共通して言えることである。また、国家破産に限らず天災や台湾有事などにより株が大暴落した時にも、十分対応することができる。だから、しっかりと株での運用を研究してみてほしい。

その一方で、国家破産の本番や天災、台湾有事のような株が大きく動くような局面で通常の株よりもはるかに投資効率の高い投資方法が存在する。それは

「オプション取引」という方法だ。株は資産をしっかり減らさずに防衛するのに適した方法であるのに対して、このオプション取引は積極的に収益を狙う、かなり〝攻撃に特化〟した方法である。このオプション取引について、この章の最後で簡単に触れておこう。一番関心があると思われる、オプション取引ではどれほどの収益が期待できるのかを述べておきたい。

まずオプション取引とは、その投資対象が上昇でも下落でも、とにかく相場が大きく動けばびっくりするほど大きな収益が期待できる取引である。オプション取引の投資対象は株式指数や株の個別銘柄、国債など多岐に亘るが、取引規模などから日本で実際に行なうことができるオプション取引は「日経225オプション」の取引に限定される。だから、日経平均株価が大きく上下する時に大きな収益が期待できることになる。

近年の相場で、日経平均株価が大きく上下するような大きなショックを与えたイベントとそれによるオプション取引の最大倍率を一七三ページの図でまとめているので、よく見てほしい。信じられないほどの倍率がまず目に付くだろ

近年のショックとオプション上昇倍率

年	最大倍率	相場の方向とオプションの種類
2003 SARSの流行	575	上昇・コール
2008 リーマン・ショック	1000	下落・プット
2011 東日本大震災	1300	下落・プット
2013 アベノミクス	335	上昇・コール
2014 黒田バズーカ第2弾	549	上昇・コール
2018 下げ相場	640	下落・プット
2020 コロナショック	947	下落・プット

う。二〇二〇年のコロナショックで相場が大きく下がり、オプション取引の最大倍率では九四七倍が出ている。その前は二〇一八年の同じく下げ相場で、倍率は六四〇倍である。下落相場だけではなく、二〇一三年と二〇一四年はそれぞれ上昇相場でかなりの倍率が出ている。黒田バズーカ第二弾では五四九倍、アベノミクスでは三三五倍である。

このように、オプション取引の場合、上昇相場でも下落相場でもとにかく相場が大きく動けばよいのだ。そして、この倍率になるまでにかかる時間は、わずか数日、長くても数週間と極めて短期であるから驚きだ。これほど投資効率の高い取引は、他を探してもまずないだろう。

そして極めつけは、二〇一一年の東日本大震災の暴落相場で出た一三〇〇倍という倍率で、わずか一～二日でその倍率を叩き出したのである。

これが、オプション取引のすごみである。国家破産でなくても、天災でも台湾有事でも相場を大きく動かせば何でも構わない。オプション取引には、そのような大きな収益期待のチャンスが潜んでいるのだ。株で資産防衛をするのと同時に、一つのお楽しみとしてこのオプション取引で大きな収益を狙うことを取り組んでも面白いだろう。

なお、オプション取引について、やり方などがわからない場合には、巻末にある「オプション研究会」をぜひ頼ってほしい。また、株についてもどのように投資を行なったらよいのかわからないという方は、私の経営する会社で株についてのクラブをいくつか運営しているので、そちらも巻末でしっかりチェックしてほしい。

いずれにしても、平時はしっかり株で資産防衛をしつつ、国家破産や天災、台湾有事などのおどろおどろしいイベントに対しては、恐れることなくむしろチャンスととらえ、株やオプション取引をしっかり活用しながら、資産を大きく殖やす取り組みを行なってほしい。そして、もしチャンスをうまく活かすことができ、ご自身の資産を大きく殖やすことに成功した場合には、その一部、五％でも一〇％でも構わないので、何か日本のために使っていただくことを切に願いつつ、この章の筆を置きたい。

エピローグ

日銀が私たち国民に課す〝経済的大災害〟

株価や金利は、人体で言えば体温のようなものだ。株価は異常なほど上がってきたが、金利は上げられないという、矛盾した問題がそこに見え隠れする。日銀は「出口を出る、出る」と再三再四言いながら、出口に顔を出すか出さないかというあたりで尻ごみしている。それもそのはずで、いろいろと言い訳がましいことを言ったり別の問題に転嫁したりと苦労しているようだが、要は本当に必要な程度にまで金利を上げることが、もはや不可能な状況に陥っているのだ。これは、異常事態と言ってよい。これは、日銀関係者が口が裂けても言えない〝超極秘事項〟なのだ。それは一体、どういうことか。

実は、アベノミクスを断行している間に日銀は、絶対食べてはいけない〝禁断の毒イチゴ〟をたらふく食べてしまったのだ。

コトの真相はこうだ。アベノミクスで大量発行した国債を日銀は違法にならないように財務省から直接引き受け（直接買い取ってしまうこと）ではなく、一旦市場に出してまず銀行に買わせ、それを今度日銀がすぐ買い取るということを、毎年のように行なった。その挙げ句、五〇〇兆を超える膨大な日本国債を抱え込むこととなった。これは、日銀にとって「資産」にあたる。

ところが、その銀行に渡すべき購入代金は、銀行には行かずに日銀の当座預金内に累々《るいるい》とため込まれている。これは別に特別なことではなく、世界各国の中央銀行も同じようなことをしている。それ自体は問題ではないが、その額、つまり規模が問題なのだ。

なんと、その額がいまやＧＤＰに迫る五百数十兆円に達しているのだ。物事には、どんなものにも〝限界〟というものがある。もはや日銀は、その限界をはるかに超える毒イチゴを食らい込んでしまったのである。

なにしろ、当座預金は日銀にとって「負債」にあたるものであり、将来さらにインフレが加速したり、円安が進んでそれを食い止めるために金利を上げようとしても上げることができないのだ。

というのも、金利を上げると当座預金の五百数十兆円に付利しなければならず、もしそれが二%になったらたった一年で日銀は債務超過になってしまうのだ。なにしろ、日銀と言えども自己資本は一〇兆円程度しかないのだ。しかも金利が上がれば国債の価値も下がり、日銀の資産である五〇〇兆円分の国債も火ダルマとなる。「日銀は含み益を抱えたETF（株）も持っているから大丈夫ではないか」という反論もあるだろう。しかし、そうなった時は株も暴落しているだろうから、ETFの含み益もなくなっているはずだ。

というわけで、もはや日銀は「前門の虎、後門のオオカミ」という状況に陥っているのであり、金利という手足をもがれて、すでに中央銀行の体もなしていないのだ。二〇二三年秋、黒田元日銀総裁がある内輪の会合で「日銀が出口を出たら大変なことになる」という重大発言をしているが、私たち国民にとってもこれは他人事ではない。「私たち自身に降りかかってくる経済的大災害」の到来を意味している。

株価は確かに上がった。四万円を超えた。しかし、その裏に隠された事態は深刻かつ複雑で、すでに当事者である日銀、さらに財務省のトップですら手に負えない状態に陥っている。ましてや、ことここに到っても「ばら撒け、大盤振るまいだ!」としか言わない大半の政治家(これは与党の自民、公明だけでなく、野党もまったく同じというのだから目もあてられない)は一体何を見、何を考えているのか。

先ほども言った通り、実は今回の株高こそ国家破産の前兆なのだ。それを見抜いた賢い投資家のみが生き残り、次の光輝く新時代の太陽を拝むことができるだろう。そのために本質を見抜くための努力をし、素晴らしい英知を身に付けていただきたい。本書の目的はそこにあり、皆さんが賢明な投資家として正しい道を進まれんことを祈念してペンを置きたい。

二〇二四年八月吉日

浅井　隆

■今後、『太陽嵐2025年』『2025年の大崩壊』(すべて仮題)を順次出版予定です。ご期待下さい。

浅井隆からの重要なお知らせ

——恐慌および国家破産を勝ち残るための具体的ノウハウ

厳しい時代を賢く生き残るために必要な情報を収集するために

◆〝恐慌および国家破産対策〟の入口

「経済トレンドレポート」

電子版も好評配信中！

皆様に特にお勧めしたいのが、浅井隆が取材した特殊な情報をいち早くお届けする「経済トレンドレポート」です。今まで、数多くの経済予測を的中させてきました。そうした特別な経済情報を年三三回（一〇日に一回）発行のレポートでお届けします。初心者や経済情報に慣れていない方にも読みやすい内容で、新聞やインターネットに先立つ情報や、大手マスコミとは異なる切り口からまとめた情報を掲載しています。
さらにその中で、恐慌、国家破産に関する『特別緊急警告』『恐慌警報』『国家破産警報』も流しております。「激動の二一世紀を生き残るために対策をしなければならないことは理解したが、何から手を付ければよいかわからない」「経済情報をタイムリーに得たいが、難しい内容には付いて行けない」という方は、最低でもこの経済トレンドレポートをご購読下さい。年間、約四万円で生き残るための情報を得られます。また、経済トレンドレポートの会員になられます

第883号

経済トレンドレポート
浅井情報ネットワーク

▶国家破産警報 第46弾！

元日銀トップが「このままでは円は紙キレになる」と警告！！

日銀の元信用機構局長の田辺昌徳氏はつい最近、次のような見解を述べた――「日銀が金融緩和を続け、円を刷りまくってきたが、他の先進国はコロナが終わったので引き締めに転じている。円を大量にバラまいているのだから、円安になって当然だ。さらに心配なのは、日本円を巡るガバナンスが機能不全に陥っているのではないか、ということだ。それ自体に価値がない紙幣が貨幣として通用するのは、きちんとした仕組みの下でコントロールされ、ちょうど良い量が供給されているという信頼があるからである。その前提が失われた途端、通貨の信用は崩壊し「ハイパーインフレ」が起きる。これは、どんな国でも同じである。というわけで、政府の財政支出もコントロールする必要がある。つまり、財政支出を貨幣の量の面から制御する、そういうノウハウが必要である。日銀と政府が話し合う、委員会のような場を作り財政マネーも制御しないと、いずれ破局がくる」。

日銀の一番中枢にいた実務を知っている人間がこのようなことを語ったということは、非常に恐るべきことである。円が長期的には紙キレとなるのは、すでに自明の理なのだ。

2024年3月10日号

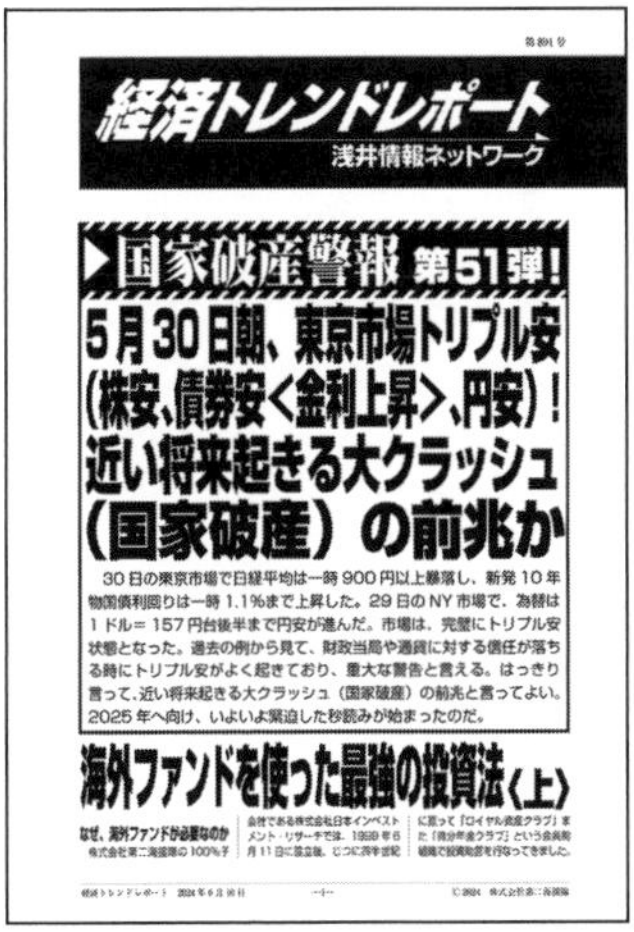
第891号

経済トレンドレポート
浅井情報ネットワーク

▶国家破産警報 第51弾！

5月30日朝、東京市場トリプル安（株安、債券安<金利上昇>、円安）！近い将来起きる大クラッシュ（国家破産）の前兆か

30日の東京市場で日経平均は一時900円以上暴落し、新発10年物国債利回りは一時1.1%まで上昇した。29日のNY市場で、為替は1ドル＝157円台後半まで円安が進んだ。市場は、完璧にトリプル安状態となった。過去の例から見て、財政当局や通貨に対する信任が落ちる時にトリプル安がよく起きており、重大な警告と言える。はっきり言って、近い将来起きる大クラッシュ（国家破産）の前兆と言ってよい。2025年へ向け、いよいよ緊迫した秒読みが始まったのだ。

海外ファンドを使った最強の投資法〈上〉

なぜ、海外ファンドが必要なのか
株式会社第二海援隊の100%子会社である株式会社日本インベストメント・リサーチでは、1998年5月11日に設立後、じつに四半世紀に亘って『ロイヤル資産クラブ』また『自分年金クラブ』という会員制組織で投資助言を行なってきました。

2024年6月10日号

「経済トレンドレポート」は情報収集の手始めとしてぜひお読みいただきたい。

と、当社主催の講演会など様々な割引・特典を受けられます。

■詳しいお問い合わせ先は、㈱第二海援隊　担当：島﨑

TEL：〇三（三二九一）六一〇六　FAX：〇三（三二九一）六九〇〇

Eメール：info@dainikaientai.co.jp

ホームページアドレス：http://www.dainikaientai.co.jp/

恐慌・国家破産への実践的な対策を伝授する会員制クラブ

◆「自分年金クラブ」「ロイヤル資産クラブ」「プラチナクラブ」

国家破産対策を本格的に実践したい方にぜひお勧めしたいのが、第二海援隊の一〇〇%子会社「株式会社日本インベストメント・リサーチ」（関東財務局長（金商）第九二六号）が運営する三つの会員制クラブ（**「自分年金クラブ」「ロイヤル資産クラブ」「プラチナクラブ」**）です。

まず、この三つのクラブについて簡単にご紹介しましょう。**「自分年金クラブ」**は資産一〇〇〇万円未満の方向け、**「ロイヤル資産クラブ」**は資産一〇〇〇

万―数千万円程度の方向け、そして最高峰の**「プラチナクラブ」**は資産一億円以上の方向け（ご入会条件は資産五〇〇〇万円以上）で、それぞれの資産規模に応じた魅力的な海外ファンドの銘柄情報や、国内外の金融機関の活用法に関する情報を提供しています。

恐慌・国家破産は、なんと言っても海外ファンドや海外口座といった「海外の活用」が極めて有効な対策となります。特に海外ファンドについては、私たちは早くからその有効性に注目し、二〇年以上に亘って世界中の銘柄を調査してまいりました。本物の実力を持つ海外ファンドの中には、恐慌や国家破産といった有事に実力を発揮するのみならず、平時には資産運用としても魅力的なパフォーマンスを示すものがあります。こうした情報を厳選してお届けするのが、三つの会員制クラブの最大の特長です。

その一例をご紹介しましょう。三クラブ共通で情報提供する「ＡＴファンド」は、年率五〜七％程度の収益を安定的に挙げています。これは、たとえば年率七％なら三〇〇万円を預けると毎年約二〇万円の収益を複利で得られ、およそ一〇年で資産が二倍になる計算となります。しかもこのファンドは、二〇一四年の運用開始から一度もマイナスを計上したことがないという、極めて優秀な運用実績を残しています。日本国内の投資信託などではとても信じられない数字ですが、世界中を見渡せばこうした優れた銘柄はまだまだあるのです。

冒頭にご紹介した三つのクラブでは、「ATファンド」をはじめとしてより高い収益力が期待できる銘柄や、恐慌などの有事により強い力を期待できる銘柄など、様々な魅力を持ったファンド情報をお届けしています。なお、資産規模が大きいクラブほど、取り扱い銘柄数も多くなっております。

また、ファンドだけでなく金融機関選びも極めて重要です。単に有事にも耐え得る高い信頼性というだけでなく、各種手数料の優遇や有利な金利が設定されている、日本に居ながらにして海外の市場と取引ができるなど、金融機関も様々な特長を持っています。こうした中から、各クラブでは資産規模に適した、魅力的な条件を持つ国内外の金融機関に関する情報を提供し、またその活用方法についてもアドバイスしています。

その他、国内外の金融ルールや国内税制などに関する情報など資産防衛に有用な様々な情報を発信、会員の皆様の資産に関するご相談にもお応えしております。浅井隆が長年研究・実践してきた国家破産対策のノウハウを、ぜひあなたの大切な資産防衛にお役立て下さい。

■詳しいお問い合わせは「㈱日本インベストメント・リサーチ」

TEL：〇三（三二九一）七二九一　FAX：〇三（三二九一）七二九二

Eメール：info@nihoninvest.co.jp

他にも第二海援隊独自の〝特別情報〟をご提供

◆浅井隆のナマの声が聞ける講演会

浅井隆の講演会を開催いたします。二〇二四年下半期は東京・九月二〇日（金）、名古屋・一〇月一八日（金）で予定しております。経済の最新情報をお伝えすると共に、生き残りの具体的な対策を詳しく、わかりやすく解説いたします。

活字では伝えることのできない、肉声による貴重な情報にご期待下さい。
■詳しいお問い合わせ先は、㈱第二海援隊
TEL：〇三（三二九一）六一〇六　FAX：〇三（三二九一）六九〇〇
Eメール：info@dainikaientai.co.jp

◆「ダイヤモンド投資情報センター」

現物資産を持つことで資産保全を考える場合、小さくて軽いダイヤモンドは持ち運びも簡単で、大変有効な手段と言えます。近代画壇の巨匠・藤田嗣治は太平洋戦争後、混乱する世界を渡り歩く際、資産として持っていたダイヤモンドを絵の具のチューブに隠して持ち出し、渡航後の糧にしました。金《きん》（ゴールド）だけの資産防衛では不安という方は、ダイヤモンドを検討するのも一手でしょう。しかし、ダイヤモンドの場合、金《きん》とは違って公的な市場が存在せず、専門の鑑定士がダイヤモンドの品質をそれぞれ一点ずつ評価して値段が決まるため、売り買いは金《きん》に比べるとかなり難しいという事情があります。そのため、信頼できる専門家や取り扱い店と巡り合えるかが、ダイヤモンドでの資産保全の成否のわかれ目です。

そこで、信頼できるルートを確保し業者間価格の数割引という価格（デパートの宝飾品売り場の価格の三分の一程度）での購入が可能で、ＧＩＡ（米国宝石学会）の鑑定書付きという海外に持ち運んでも適正価格での売却が可能な条件を備えたダイヤモンドの売買ができる情報を提供いたします。

ご関心がある方は「ダイヤモンド投資情報センター」にお問い合わせ下さい。

■お問い合わせ先：㈱第二海援隊　ＴＥＬ：〇三（三二九一）六一〇六　担当：齋藤

Ｅメール：info@dainikaientai.co.jp

◆第二海援隊ホームページ

第二海援隊では様々な情報をインターネット上でも提供しております。詳しくは「第二海援隊ホームページ」をご覧下さい。私ども第二海援隊グループは、皆様の大切な財産を経済変動や国家破産から守り殖やすためのあらゆる情報提供とお手伝いを全力で行ないます。

また、浅井隆によるコラム「天国と地獄」を連載中です。経済を中心に長期的な視野に立って浅井隆の海外をはじめ現地生取材の様子をレポートするなど、独自の視点からオリジナリティあふれる内容をお届けします。

■ホームページアドレス： http://www.dainikaientai.co.jp/

第二海援隊
HPはこちら

株で資産を作れる時代がやってきた！ 〝四つの株投資クラブ〟のご案内

一 「㊙株情報クラブ」

「㊙株情報クラブ」は、普通なかなか入手困難な日経平均の大きなトレンド、現物個別銘柄についての特殊な情報を少人数限定の会員制で提供するものです。目標は、提供した情報の八割が予想通りの結果を生み、会員の皆様の資産が中長期的に大きく殖えることです。そのために、日経平均については著名な「カギ足」アナリストの川上明氏が開発した「T1システム」による情報提供を行ないます。川上氏はこれまでも多くの日経平均の大転換を当てていますので、これからも当クラブに入会された方の大きな力になると思います。

また、その他の現物株（個別銘柄）については短期と中長期の二種類にわけて情報提供を行ないます。短期については川上明氏開発の「T14」「T16」という二つのシステムにより日本の上場銘柄をすべて追跡・監視し、特殊な買いサインが出ると即買いの情報を提供いたします。そして、買った値段から一〇％上昇したら即売却していただき、利益を確定します。この「T14」「T16」は、これまでのところ当たった実績が九八％という驚異的なものとなっております（二〇一五年一月〜二〇二〇年六月におけるシミュレーション）。

さらに中長期的銘柄としては、浅井の特殊な人脈数人が選び抜いた日・米・中三ヵ国の成長銘柄を情報提供いたします。

クラブは二〇二一年六月よりサービスを開始しており、すでに会員の皆様へ有用な情報をお届けしております。なお、「㊙株情報クラブ」「ボロ株クラブ」

の内容説明会を収録したCDを二〇〇〇円（送料込み）にてお送りしますのでお問い合わせ下さい。

皆様の資産を大きく殖やすという目的のこのクラブは、皆様に大変有益な情報提供ができると確信しております。奮ってご参加下さい。

■お問い合わせ先：㈱日本インベストメント・リサーチ「㊙株情報クラブ」

TEL：〇三（三二九一）七二九一　FAX：〇三（三二九一）七二九二

Eメール：info@nihoninvest.co.jp

二「ボロ株クラブ」

「ボロ株」とは、主に株価が一〇〇円以下の銘柄を指します。何らかの理由で売り叩かれ、投資家から相手にされなくなった〝わけアリ〟の銘柄もたくさんあり、証券会社の営業マンがお勧めすることもありませんが、私たちはそこにこそ収益機会があると確信しています。

過去一〇年、〝株〟と聞くと多くの方は成長の著しいアメリカの一九六〇年代の西部劇『荒野の七人』に登場したガンマンたちのように、「マグニフィセント・セブン」（超大型七銘柄。アップル、マイクロソフト、アルファベット、アマゾン・ドット・コム、エヌビディア、テスラ、メタ・プラットフォームズ。一九六〇年代の西部劇『荒野の七人』に登場したガンマンたちから名付けられた）高成長ハイテク企業の銘柄を思い浮かべるのではないでしょうか。実際、これらハイテク銘柄の騰勢は目を見張るほどでした。

一方で、「人の行く裏に道あり花の山」という相場の格言があります。「人はとかく群集心理で動きがちだ。いわゆる付和雷同である。ところが、それでは大きな成功は得られない。むしろ他人とは反対のことをやった方が、うまく行く場合が多い」とこの格言は説いています。

すなわち、私たちはなかば見捨てられた銘柄にこそ大きなチャンスが眠っていると考えています。実際、「ボロ株」はしばしば大化けします。ボロ株クラブは二〇二一年六月より始動していますが、小型銘柄（ボロ株）を中心として数々の実績を残しています。過去のデータが欲しいという方は当クラブまでお電話下さい。

もちろん、やみくもに「ボロ株」を推奨して行くということではありません。弊社が懇意にしている「カギ足」アナリスト川上明氏の分析を中心に、さらには同氏が開発した自動売買判断システム「ＫＡＩ―解―」からの情報も取り入れ、短中長期すべてをカバーしたお勧めの取引（銘柄）をご紹介します。

構想から開発までに十数年を要した「ＫＡＩ」には、すでに多くの判断システムが組み込まれていますが、「ボロ株クラブ」ではその中から「Ｔ８」というシステムによる情報を取り入れています。Ｔ８の戦略を端的に説明しますと、「ある銘柄が急騰し、その後に反落、そしてさらにその後のリバウンド（反騰）を狙う」となります。

これら情報を複合的に活用することで、ＮＩＳＡ（少額投資非課税制度）を利用しての年率四〇％リターンも可能だと考えています。年会費も第二海援隊グループの会員の皆様にはそれぞれ割引サービスをご用意しております。詳しくは、お問い合わせ下さい。また、「ボロ株」の「時価総額や出来高が少ない」

という性質上、無制限に会員様を募ることができません。一〇〇名を募集上限（第一次募集）とします。

■お問い合わせ先：㈱日本インベストメント・リサーチ「ボロ株クラブ」
TEL：〇三（三二九一）七二九一　FAX：〇三（三二九一）七二九二
Eメール：info@nihoninvest.co.jp

三「日米成長株投資クラブ」

いまや世界経済は「高インフレ・高金利」に突入しています。大切な資産の防衛・運用も、この世界的トレンドに合わせて考え、取り組むことが重要です。高インフレ時代には、「守り」の運用だけでは不十分です。リスクを取り、積極的な投資行動を取ることも極めて重要となるのです。この観点からも、「株式投資」はこれからの時代に取り組むべき重要な投資分野と言えます。

浅井隆は、インフレ時代の到来と株式投資の有効性に着目し、二〇一八年から「日米成長株投資クラブ」にて株式に関する情報提供、助言を行なってきました。現代最高の投資家であるウォーレン・バフェット氏とジョージ・ソロス氏の投資哲学を参考として、優良銘柄をじっくり保有するバフェット的発想と、経済トレンドを見据えた大局観の投資判断を行なうソロス的手法によって、「一〇年後に資産一〇倍」を目指して行きます。

経済トレンドについては、テクニカル分析の専門家・川上明氏の「カギ足分析」に加えて、経済トレンドの分析を長年行なってきた浅井隆の知見も融合して行きます。特に、三〇年強で約七割の驚異的な勝率を誇る川上氏の分析は非常に興味深いものがあります。

個別銘柄については、発足以来数多くの銘柄情報にて良好な成績を残しており、会員の皆様に収益機会となる情報をお届けしています。銘柄は低位小型株から比較的大型のものまで幅広く、短期的に連日ストップ高を記録した銘柄もあります。

皆様にはこうした情報を十分に活用していただき、大激動をチャンスに変えて大いに資産形成を成功させていただきたいと考えております。ぜひこの機会を逃さずにお問い合わせ下さい。サービス内容は以下の通りです。

1．浅井隆、川上明氏（テクニカル分析専門家）が厳選する国内の有望銘柄の情報提供

2．株価暴落の予兆を分析し、株式売却タイミングを速報

3．日経平均先物、国債先物、為替先物の売り転換、買い転換タイミングを速報

4．バフェット的発想による、日米の超有望成長株銘柄を情報提供

詳しいお問い合わせは「㈱日本インベストメント・リサーチ」

TEL：〇三（三二九一）七二九一　FAX：〇三（三二九一）七二九二

Eメール：info@nihoninvest.co.jp

四「オプション研究会」

二〇二〇年代は、新型コロナウイルスの世界的流行、ロシアのウクライナ侵攻、中東情勢の緊迫化など「激動の時代」になりつつあります。日本において

も、財政危機リスクや台湾有事などの地政学リスク、さらに巨大地震や火山噴火などの天災リスクを抱え、非常に困難な時代となることが予想されます。

こうした激動期には、大切な資産も大きなダメージを受けることとなりますが、その一方で激動を逆手に取ることで「千載一遇の投資のチャンス」をつかむことも可能となります。その極めて有望な方法の一つが、「オプション取引」です。

「オプション取引」では、短期的な市場の動きに大きく反応し、元本の数十〜一〇〇〇倍以上もの利益を生むこともあります。この大きな収益機会は、実は巨大な損失リスクを負わずに、損失リスクを限定しながらつかむことができるのです。激動の時代には、「オプション取引」でこうした巨大な収益機会がたび生まれることになります。市場の暴落時のみならず、急落からの大反騰時にもチャンスが生じるため、平時と比べても取り組む価値は高いと言えます。

「オプション取引」の重要なポイントを簡単にまとめます。
・非常に短期（数日〜一週間程度）で、数十倍〜数百倍の利益獲得も可能

・「買い建て」限定にすると、損失は投資額に限定できる
・恐慌、国家破産など市場が激動するほど収益機会は増える
・最低投資額は一〇〇〇円（取引手数料は別途）
・株やＦＸと異なり、注目すべき銘柄は基本的に「日経平均株価」の動きのみ
・給与や年金とは分離して課税される（税率約二〇％）

極めて魅力的な「オプション取引」ですが、投資にあたっては取引方法に習熟することが必須です。オプションの知識の他、パソコンやスマホによる取引操作の習熟が大きなカギとなります。

もし、これからの激動期を「オプション取引」で挑んでみたいとお考えであれば、第二海援隊グループがその習熟を「情報」と「助言」で強力に支援いたします。「オプション研究会」では、「オプション取引」はおろか株式投資など他の投資経験もないという方にも、取引操作から基本知識、さらに投資の心構え、市況変化に対する考え方や収益機会のとらえ方など、初歩的な事柄から実践までを懇切丁寧に指導いたします。

さらに、「オプション研究会」では、「三〇％複利戦法」をはじめとして参考となる投資戦略も情報提供しています。こうした戦略もうまく活用することで、「オプション取引」の魅力を実感していただきます。

これからの激動の時代を、チャンスに変えたいとお考えの方のご入会を心よりお待ちしております。

※なお、オプション研究会のご入会には、「日米成長株投資クラブ」の会員であることが条件となります。また、ご入会時には当社規定に基づく審査があります。あらかじめご了承下さい。

「㈱日本インベストメント・リサーチ オプション研究会」担当 山内・稲垣・関
TEL：〇三（三二九一）七二九一　FAX：〇三（三二九一）七二九二
Eメール：info@nihoninvest.co.jp

◆「オプション取引」習熟への近道を知るための「セミナーDVD」発売中（二〇一四年五月二四日収録版）

「オプション取引について詳しく知りたい」『オプション研究会』について理解を深めたい」という方のために、その概要を知ることができる「DVD／CD／動画配信」を用意しています。

■「オプション説明会 受講DVD／CD／動画配信」■

「オプション説明会」の模様を収録したDVD／CD／動画配信です。浅井隆が信頼する相場のチャート分析を行なう川上明先生にもご登壇いただきました。ぜひご入手下さい。

価格（DVD／CD／動画配信） 三〇〇〇円（送料込）

※「オプション説明会」にお申し込みの際には、氏名、電話番号、住所、Eメールアドレス（動画配信希望の方のみ必須）、セミナーの受講形態（参加、動画配信、CD、DVD）をお知らせ下さい。

■「オプション研究会」および「オプション説明会」に関するお問い合わせは

「第二海援隊　オプション研究会　担当」まで。

TEL：〇三（三二九一）七二九一　FAX：〇三（三二九一）七二九二

Eメール：info@nihoninvest.co.jp

◆浅井隆が発行人となる新ウェブサイト「インテリジェンス・ニッポン」配信開始

山積する日本の課題を克服するため、問題の所在を解明し、解決策を示して行くオピニオン・メディアを創りたい。この長年の浅井隆の夢が、二〇二四年年七月に実現しました。

新ウェブサイトは「インテリジェンス・ニッポン」です。「インテリジェンス（Intelligence）」は「（優れた）知性」を意味します。政治経済はじめ様々な分野で行き詰まっている日本について、冷静に、総合的に、まさに「インテリジェンス」を持って考え、「新生日本」を目指す解決の方向を示して行こうというのが、このウェブサイトです。

浅井はじめ大手新聞社や出版社のベテラン編集者が、時代の本質を的確にとらえた論者や評論、ニュースをわかりやすく紹介します。テーマは広い意味での政治、経済を二本柱とし、教育、文化など幅広く取り上げます。原則として毎月二回更新（第二、第四木曜）し、誰でも無料でアクセスできます。

ぜひ一度ご覧になって下さい。

■ホームページアドレス：http://www.intelligence-nippon.jp/

インテリジェンス・ニッポンHPはこちら

■経済ジャーナリストとして

国際軍事関係の取材を続ける中、「冷戦も終わり、これからは軍事ではなく経済の時代」という友人の編集者の言葉が転機となり、経済に関する勉強を重ねる。 1990年東京市場暴落の謎に迫る取材で、一大センセーションを巻き起こす。当時、一般には知られていない最新の金融技術を使って利益を上げた、バブル崩壊の仕かけ人の存在を暴露するレポート記事を雑誌に発表。当初は誰にも理解されなかったが、真相が知れ渡るにつれ、当時の大蔵省官僚からも注目されるほどになった。 これをきっかけに、経済ジャーナリストとして、バブル崩壊後の超円高や平成不況の長期化、金融機関の破綻など数々の経済予測を的中させたベストセラーを多発した。

■独立

1993年「大不況サバイバル読本— '95年から始まる“危機”を生き残るために」が十数万部のベストセラーとなり、独立を決意。1994年に毎日新聞社を退社し、浅井隆事務所を設立。執筆・講演会・勉強会などの活動を行なう。

■（株）第二海援隊設立

1996年、従来にない形態の総合情報商社「第二海援隊」を設立。以後その経営に携わる一方、精力的に執筆・講演活動を続ける。 2005年7月、日本を改革・再生することを唯一の事業目的とする日本初の株式会社「再生日本２１」を立ち上げる。

■主な著書

『大不況サバイバル読本』『日本発、世界大恐慌！』（徳間書店）『95年の衝撃』（総合法令出版）『勝ち組の経済学』（小学館文庫）『次にくる波』（PHP研究所）『HuMan Destiny』（『9・11と金融危機はなぜ起きたか!?〈上〉〈下〉』英訳）『いよいよ政府があなたの財産を奪いにやってくる!?』『徴兵・核武装論〈上〉〈下〉』『最後のバブルそして金融崩壊『国家破産ベネズエラ突撃取材』『都銀、ゆうちょ、農林中金まで危ない!?』『巨大インフレと国家破産』『年金ゼロでやる老後設計』『ボロ株投資で年率40%も夢じゃない!!』『2030年までに日経平均10万円、そして大インフレ襲来!!』『コロナでついに国家破産』『老後資金枯渇』『2022年インフレ大襲来』『2026年日本国破産〈警告編〉〈あなたの身に何が起きるか編〉〈現地突撃レポート編〉〈対策編・上／下〉』『極東有事——あなたの町と家族が狙われている！』『オレが香港ドルを暴落させる　ドル / 円は150円経由200円へ！』『巨大食糧危機とガソリン200円突破』『2025年の大恐慌』『1ドル＝200円時代がやってくる!!』『ドル建て金持ち、円建て貧乏』『20年ほったらかして1億円の老後資金を作ろう！』『投資の王様』『国家破産ではなく国民破産だ！〈上〉〈下〉』『2025年の衝撃〈上〉〈下〉』『あなたの円が紙キレとなる日』『ドルの正しい持ち方』『超円安 国債崩壊 株大暴落』（第二海援隊）など多数。

〈著者略歴〉

浅井　隆　（あさい　たかし）

■学生時代

高校時代は理工系を志望。父と同じ技術者を目指していたが、「成長の限界」という本に出会い、強い衝撃を受ける。浅井は、この問題の解決こそ“人生の課題”という使命感を抱いた。この想いが後の第二海援隊設立につながる。人類の破滅を回避するためには、科学技術ではなく政治の力が必要だと考え、志望先を親に内緒で変えて早稲田大学政治経済学部に進む。在学中に環境問題を研究する「宇宙船地球号を守る会」などを主宰するも、「自分の知りたいことを本当に教えてくれる人はいない」と感じて大学を休学。「日本を語るにはまず西洋事情を知らなくては」と考え、海外放浪の旅に出る。この経験が「何でも見てやろう、聞いてやろう」という“現場主義”の基礎になる。

■学生ビジネス時代

大学一年の時から学習塾を主宰。「日本がイヤになって」海外を半年間放浪するも、反対に「日本はなんて素晴らしい国なのだろう」と感じる。帰国後、日本の素晴らしさを子供たちに伝えるため、主催する学習塾で“日本の心”を伝える歴史学や道徳も教える。ユニークさが評判を呼び、学生ビジネスとして成功を収める。これが歴史観、道徳、志などを学ぶ勉強会、セミナーの原型となった。

■カメラマン時代

学生企業家として活躍する中、マスコミを通して世論を啓蒙して行こうと考え、大学７年生の時に中退。毎日新聞社に報道カメラマンとして入社。環境・社会問題の本質を突く報道を目指すも、スキャンダラスなニュースばかりを追うマスコミの姿勢に疑問を抱く。しかし先輩から、「自分の実力が新聞社の肩書きを上回るまで辞めてはならん」との言葉を受け発奮、世界を股にかける過酷な勤務をこなす傍ら、猛勉強に励みつつ独自の取材、執筆活動を展開する。冷戦下の当時、北米の核戦争用地下司令部「ＮＯＲＡＤ」を取材。
核問題の本質を突く取材をしようと、ＮＯＲＡＤ司令官に直接手紙を書いた。するとアメリカのマスコミでさえ容易に取材できないＮＯＲＡＤでは異例の取材許可が下りた。ところが上司からはその重要性を理解されず、取材費は出なかった。そこで浅井は夏休みをとり、経費はすべて自腹で取材を敢行。これが転機となって米軍関係者と個人的なコネクションができ、軍事関係の取材を精力的に行なう。

〈参考文献〉

【新聞・通信社】


『日本経済新聞』『朝日新聞』『毎日新聞』

『ブルームバーグ』『フィナンシャル・タイムズ』


【書籍】

『ハイパーインフレの悪夢』（アダム・ファーガソン著　新潮社）
『ドイツ証券市場史』（山口博教著　北海道大学出版会）
『物価迷走――インフレーションとは何か』（原田泰 神田慶司著　角川書店）
『「日経平均10万円」時代が来る！』（藤野英人著　日本経済新聞出版社）
『東京証券取引所50年史』（日本経営史研究所編　東京証券取引所）
『人々の戦後経済秘史』（東京新聞・中日新聞経済部編　岩波書店）
『インフレーションの経済学』（辻村江太郎編　有斐閣）

【拙著】

『国家破産で起きる36の出来事』（第二海援隊）
『2022年インフレ大襲来』（第二海援隊）
『オレが香港ドルを暴落させる ドル／円は150円経由200円へ！』（第二海援隊）
『2025年の衝撃〈上・下〉』（第二海援隊）
『あなたの円が紙キレとなる日』（第二海援隊）

【その他】

『ロイヤル資産クラブレポート』『経済トレンドレポート』

【ホームページ】

フリー百科事典『ウィキペディア』

『内閣府』『日本銀行』『財務省』『JETRO』『金融広報中央委員会』

『金融庁金融審議会「市場ワーキング・グループ」』『国立国会図書館』

『東証マネ部！』『時事通信』『フォーブス』『ソシエテジェネラル』

『Ｍａｎ＠ｂｏｗ』『ビジネスインサイダー』『東洋経済』『株探』

『Incrementum』『QUICK Money World』『Investing.com』

『ノースウェスタン・ミューチュアル』『TRADING ECONOMICS』

『一橋大学附属図書館』『明治大学経営学研究所』『学習院大学経済学部』

『大阪経大論集（大阪経済大学）』『大妻女子大学学術情報リポジトリ』

『成城大学』『CARF（東京大学大学院経済学研究科付属金融教育センター）』

『IG証券』『ゼロから学べるアイザワ投資大学（アイザワ証券）』

『ＳＢＩ証券』『M&Aキャピタルパートナーズ株式会社』『コトバンク』

『ビジネス＋IT』『かぶれん　株式情報サイト』

株高は国家破産の前兆

2024年9月6日　初刷発行

著　者　浅井　隆
発行者　浅井　隆
発行所　株式会社　第二海援隊
〒101-0062
東京都千代田区神田駿河台２-５-１　住友不動産御茶ノ水ファーストビル８Ｆ
電話番号　03-3291-1821　　ＦＡＸ番号　03-3291-1820

印刷・製本／株式会社シナノ

　ISBN978-4-86335-244-5

第二海援隊発足にあたって

日本は今、重大な転換期にさしかかっています。にもかかわらず、私たちはこの極東の島国の上で独りよがりのパラダイムにどっぷり浸かって、まだ太平の世を謳歌しています。

しかし、世界はもう動き始めています。その意味で、現在の日本はあまりにも「幕末」に似ているのです。ただ、今の日本人には幕末の日本人と比べて、決定的に欠けているものがあります。それこそ、志と理念です。現在の日本は世界一の債権大国（＝金持ち国家）に登り詰めはしましたが、人間の志と資質という点では、貧弱な国家になりはててしまいました。それこそが、最大の危機といえるかもしれません。

そこで私は「二十一世紀の海援隊」の必要性を是非提唱したいのです。今日本に必要なのは、技術でも資本でもありません。志をもって大変革を遂げることのできる人物と、それを支える情報です。まさに、情報こそ〝力〟なのです。そこで私は本物の情報を発信するための「総合情報商社」および「出版社」こそ、今の日本に最も必要と気付き、自らそれを興そうと決心したのです。

しかし、私一人の力では微力です。是非皆様の力をお貸しいただき、二十一世紀の日本のために少しでも前進できますようご支援、ご協力をお願い申し上げる次第です。

浅井　隆